作っておける前菜、
ほうっておけるメイン

若山曜子

はじめに

小さい頃、人がたくさん家にやってくる週末が楽しみでした。
一人っ子だった私には、大勢で食事をする特別な日。
お正月にいとこが来たり、母の友人が来たり、母の店のアルバイトさんが、
家族を連れてくることも多かった。母が作る料理は、いつもすき焼きか水炊き。
フルーツがたくさん入ったゼリーが最後に出てきます。
不思議なことにこんなに食い意地がはっているのに、味の記憶よりも、
ワイワイと楽しかったことを鮮明に覚えています。

私も母に似たのか、人を呼ぶのが好き。
しかし遺伝とは恐ろしいもので、掃除が苦手、というところまで似てしまいました。
人が家に来る時は、朝からせわしない。どこから片づければいいのか、おろおろ。
そんなわけで、肝心の料理に割く時間は限られています。
ただでさえおっちょこちょい、ああーしまった！ということは毎回あり、
夫は買い忘れをたびたび買いに行かされる始末。

楽しい時間には、おいしいお料理が必要だけれど、会話も不可欠。
もう絶対おいしい、と確認できているものを出したい。自分も楽しく話したい。
そのためにできたルールが、「作っておける前菜、ほうっておけるメイン」です。
どちらも普段作っているものを、当日少しだけ見栄えをよく。
これでずいぶん楽になりました。

もうひとつ。私はおもてなしで出す料理は、1セットだけでもいいと思っています。
母の水炊きや、フランスの友人宅でいただいたラムのオーブン焼き。
くり返し作る料理には「自信」という調味料が追加され、
誰にも真似できない味になると思うのです。
「あの人のアレ食べたい」と思われるのは、すてきなこと。
私はすごく喜ばれたケーキを、同じ人が来る際に、またお出しすることも多いです。
喜ばれることのほうが、バリエーションを見せることより大切だと思うから。

フランスで、よいもてなしには、自分も楽しい時間が過ごせることが
大切だと学びました。自分が招く側となり、どうすればゆとりを持って楽しめるか
試行錯誤していくうちに、私もようやく子どもの頃のあのワクワク感で、
みなさんを迎えられるようになったように思います。

若山曜子

うちのおもてなしは、いつもこんな感じ。

[Main]

メインはすべて、
鍋まかせ、
オーブンまかせ。

メイン料理は、鍋やオーブンに材料を入れ、火を通せばでき上がるものばかり。アツアツを鍋や耐熱皿ごと食卓に出せば、ごちそうっぽく見えるのも気に入っています。煮込みはいったん冷めてから温め直したほうがおいしいものが大半なので、事前に作っておけて安心。オーブン焼きは、調理中にそばにいなくてもいいし、前菜を盛りつけている時にオーブンのスイッチを入れれば、前菜を食べ終わる頃に焼き上がり。少し冷めた頃が実は食べごろなので、タイミングをみはからって出せばOKです。この本では、なるべく少ない材料で豪華に見えるものをご紹介しています。

[Appetizer]

前菜は、前日に作っておけるもの。

前菜は、前日に作って密閉容器などに入れ、冷蔵室で保存しておけば、当日は盛りつけるだけでOK。1日たってもおいしいものや、よりおいしくなるものを作ります。メインが温かいものなので、冷たいまま食べておいしいもの、そして、なるべく色がきれいなものを選んでいます。1日たつと素材から水分が出て、味がやや薄くなることがあります。テーブルに出す前に一度味をみて、調節するとなおいいと思います。

[Dessert]

手軽に作れるデザートもぜひ。

寒い季節でも、少しお酒が入ったり温かいメインを食べたら、最後に冷たいデザートが食べたくなるように思います。焼き菓子よりも喉ごしのいいものにひかれると思うので、うちのデザートは冷たい、水分の多いものが中心です。たとえばフルーツを出すだけでも、何種類か組み合わせる、切って砂糖やハーブ、お酒で軽くマリネする、ホイップクリームを添える、少しきれいな器に盛る。そんなことでも、十分おもてなしになると思います。

Contents

Menu.1

8
チキンの
レモンアンチョビ煮
献立
・まぐろのオイル漬け
・かぼちゃのバルサミコクリーム
・コーヒープディング

Menu.4

30
タンドリーチキンと
焼きピラフ献立
・カリフラワーとししとうの
　サブジ
・マンゴーと紫玉ねぎのアチャール
・ジンジャーティーアイス

Menu.2

16
豚肉と根菜の
オーブン焼き献立
・ささみとピーラーきゅうりの
　バンバンジー
・花椒風味の野菜の浅漬け
・杏仁豆腐

Menu.5

36
鯛とじゃがいもの
オーブン焼き献立
・カポナータ
・鶏肉とりんごのブルーチーズ
　あえ
・レモン風味のパンナコッタ

Menu.3

24
豚肉の
ポットロースト献立
・ほたてとかぶの梅カルパッチョ
・アスパラとスナップえんどうの
　揚げびたし
・あんずのシロップ煮とヨーグルトムース

Menu.6

42
スペアリブと大根の
コチュジャン煮込み
献立
・いかとセロリの青ねぎあえ
・かぶのしょうが漬け
・みかんと梨のマリネ

Column

48
当日さっと作れる春巻き
・豚ひき、えび、里いも
・じゃがいもとグリーンピース
・にんじんとクミン
・大根としらす

50
当日さっと作れるあえもの
・きゅうりとアボカドのライタ
・ゆで卵としば漬けの白あえ
・トマトのすりごまナムル
・ブロッコリーのアンチョビあえ

Menu.7

52
ボリート・ミスト献立

- トマトとオレンジのカプレーゼ
- スモークサーモンのパテ
- チョコレートムース

Menu.10

70
南仏風ミートローフ献立

- にんじんと紫キャベツのラペ
- グリーンピースとミントのスープ
- いちごのムース

Menu.8

58
かじきのタイカレーロースト献立

- エスニックなます
- ラープ（タイ風ひき肉サラダ）
- 黒糖ゼリーのココナッツミルクがけ

Menu.11

76
ベトナム風角煮献立

- なすのマリネ
- えび入りスイートチリポテトサラダ
- ヨーグルトとパイナップルのアイス

Menu.9

64
鮭とかぶの白みそシチュー献立

- 牛肉と玉ねぎのマリネ
- 切り干し大根とかに缶のサラダ
- ゆであずきのパルフェ

Menu.12

82
ラムチョップのトマト煮込み献立

- 枝豆入りタブレ
- ブロッコリーとれんこんの粒マスタードマリネ
- りんごのクリームチーズパイ

【 この本での約束ごと 】

- 1カップは200ml、1合は180ml、大さじ1は15ml、小さじ1は5mlです。
- 「ひとつまみ」とは、親指、人さし指、中指の3本で軽くつまんだ量のことです。
- 塩は「ゲランドの塩」、こしょうは粗びき黒こしょう、砂糖はきび砂糖または上白糖、卵はM玉、オリーブ油はエキストラ・バージン・オリーブオイルを使っています。
- 電子レンジの加熱時間は、600Wのものを基準にしています。500Wの場合は、1.2倍の時間を目安にしてください。機種によっては、多少差が出ることもあります。
- オーブンは、あらかじめ設定温度に温めておきます。焼き時間は、熱源や機種などによって多少差があります。レシピの時間を目安に、様子を見ながら加減してください。ガスオーブンを使う場合は、レシピの温度を10℃ほど低くしてください。

Menu.1

チキンのレモンアンチョビ煮献立

[クリーム大好き]

　子どもの頃から、生クリームが大大大好き。ショートケーキでもパフェでもプリンアラモードでも、私の心をいちばんにときめかせたのは、ふんわりとした雲のようなクリームでした（ちなみに、本当にかわいくない子どもなのですが、植物性のクリームは好きではありませんでした。ミルクをぎゅっと濃くした味が好きなのです）。
　だからフランスでは、生クリームだけでケーキを飾ることがないと知った時、とても驚きました。パティスリーに並ぶケーキたちは、ムースやガナッシュなど、そこかしこでおいしい生クリームが使われているけれど、あくまで脇役。あとになってわかったのは、フランスの生クリーム（crème liquide）は、日本のものに比べて脂肪分が低いということ。だから、泡立てても時間が経つとダレてきて、ゆるやかに液体に戻ってしまいます。ショートケーキには向かないのです。
　でも、サロンドテでパフェ（coupe）を頼むと、ふわふわと泡立てたばかりの夢のように軽いクレームシャンティ（crème chantilly）がのっています。軽やかでもしっかりとコクがあるのは、さすが酪農国・フランス。カフェオレボウル1杯くらいなら、余裕で私は食べられます。
　こんなふうに生クリーム好きな私は、お料理にもやっぱりよく使います。こってりしたお料理になると思われがちですが、バターより軽く、でも乳製品の甘みとコクを出したい時にちょうどいいのです。特に野菜を煮たり、あえたりする時には、バターよりも油分が全体に回り、やさしく、しっとりと仕上がる気がします。
　そんな生クリーム、私は仕事柄たいてい冷蔵庫にありますが、わざわざ買いに行くもの、という方がほとんどかもしれませんね。でも、きっとだからこそ、生クリームを使ったお料理は、いつもの食事よりほんの少しごちそう感があるのではと思います。
　残ったらぜひふんわりと泡立てて、いちごなどのベリー類に添えて。無糖のクリームは、ちょっと甘いフルーツゼリーやコーヒーゼリー、そうそう、どら焼きなどの和菓子ともよく合います。市販のやや甘すぎると感じるぐらいのお菓子に添えると、甘さがやわらぎ、コクが出る気がします。また、スープにひとさじ落としてもおいしいものです。
　ふんわりと空気を含ませたクリームは、添えるだけでいろんなものをランクアップしてくれる、フランスで学んだ魔法のひとつかもしれません。

Appetizer
まぐろのオイル漬け

Appetizer
かぼちゃの
バルサミコクリーム

Dessert
コーヒープディング

[Main]

チキンの
レモンアンチョビ煮

キャベツとマッシュルームから水分が出て、
蒸し煮のようになり、そのうまみが加わります。
野菜はクタクタになるまで煮ましょう。

Table setting

メインはル・クルーゼの鍋ごと出し、レモン煮なので、ブルーのテーブルクロスと白い器でさわやかな雰囲気に。前菜を柄入りの皿にして少し華やかにし、そのぶんメインの皿は、無地の白ですっきりとまとめます。

チキンのレモンアンチョビ煮

レモンは酸味をつけるというよりは、
さわやかな香りを加えるため。
生クリームは少し入れることで、
レモンの風味をぐんとまろやかにしてくれます。

Appetizer

まぐろのオイル漬け

オイルにつけてから1日以上おくと、
まぐろがしっとりして、よりおいしい。
かつおのさくでも同様に作れます。

Appetizer

かぼちゃの
バルサミコクリーム

バルサミコ酢のコクが広がる、クリーミーな味。
メープルシロップで甘みを加えていますが、
甘めのかぼちゃなら入れなくてもOKです。

Dessert

コーヒープディング

私はひいていないコーヒー豆で
作ることも多いのですが、
そうするとこんなふうに茶色く色はつかず、
食べてみて初めてほんのりと香りがして、
それも楽しいなあと思います。

※ひいていないコーヒー豆で作る場合は、かわりにコーヒー豆大さじ1を加え、沸騰直前まで温めて冷めるまで（できればひと晩）おき、再び沸騰直前まで温めてからざるでこして

Table setting

プディングはごく浅い耐熱皿に入れて作り、軽めのデザートに。受け皿を下に添えることで、さりげないおもてなし感が出せると思います。

Menu.1

[Main]
チキンのレモンアンチョビ煮

鶏肉にしっかり焼きめをつけてから煮るのがコツです。
粉もしっかりつけると、うまみが逃げず、とろみにつながります。
野菜が蒸し煮のようになって、クタクタになったところがおいしい。
白菜やカリフラワー、かぶで作ってもいいですね。

材料（4人分）
- 鶏もも肉（4等分に切る）…2枚（500g）
  - 塩…小さじ1
  - こしょう…少々
  - 小麦粉…大さじ1
- マッシュルーム（縦半分に切る）…1パック（100g）
- キャベツ（2～3cm幅に切る）…1/4個
- A
  - アンチョビ（フィレ・みじん切り）…4枚（20g）
  - にんにく（みじん切り）…1かけ
- 白ワイン…1/2カップ
- レモン汁…1/2個分
- 生クリーム…大さじ4
- オリーブ油…少々
- レモンの皮（ワックス不使用のもの）のすりおろし…1/2個分

作り方
1. 鶏肉は塩、こしょうをふり、小麦粉をまぶす。
2. 厚手の鍋にオリーブ油、Aを入れて中火にかけ、香りが出たら①を皮目からこんがり焼き、裏返して脇でマッシュルーム、キャベツの順にさっと炒める。
3. 白ワイン、レモン汁を加えて煮立たせ、ふたをして弱めの中火で10分煮、生クリームを加えて軽く煮詰める。器に盛り、レモンの皮を散らす。

Menu.1

[Appetizer]

まぐろのオイル漬け

いわゆるツナです。まぐろやかつおが安い時に2さく買って、まとめて作ると、鍋に入れる油が少なくてすみます。
オイルにつけたまま密閉容器に入れれば、冷蔵室で1週間保存可能。
ローリエ、にんにく、長ねぎの青い部分、レモンの皮など、好みのもので香りづけしてみてください。

材料（4人分）
- まぐろの刺身…1さく（200g）
  - 塩…小さじ1
  - こしょう…少々
- オリーブ油、サラダ油…各1/4カップ
- タイム（生）…1枝
- 紫玉ねぎ（薄切り）…1/2個
- A
  - 白ワインビネガー…小さじ1
  - 塩…少々
- セロリ（小口切り）…1/2本
- チャービル（生・あれば）…適量

作り方
① まぐろは塩、こしょうをふり、5分おいて水けをふく。
② 直径18cmくらいの鍋にオーブンシートを敷き、①、オイル類、タイムを入れ、オーブンシートの落としぶたをして（46ページ参照）ごく弱火で15分煮、そのまま冷ます。オイルごと冷蔵室でひと晩おく。
③ 食べる時に1.5cm幅に切って器に盛り、Aであえた紫玉ねぎ、セロリを合わせてのせ、つけていたオイルをかけ、チャービルを飾る。

※鍋にオーブンシートを敷くのは、まぐろの身がくっつかないようにするため。できるだけまぐろをぴっちり入れると、油が少なくてすむ
※多めに作ってサラダに入れたり、ほぐしてオイルとともにパスタとあえても

● タイム
肉や魚の煮込み料理、香草焼きに使われる、さわやかな香りのハーブ。丈夫なので、鉢で育てても。ローズマリー、バジル、オレガノで代用してもいい。

● チャービル（セルフィーユ）
ほのかな甘みとやわらかな香りが特徴のチャービルは、フレンチでもよく使われるハーブ。やさしい風味で、肉や魚、生ハムなど何とでも合う。

Menu.1

[Appetizer]

かぼちゃのバルサミコクリーム

バルサミコ酢と生クリーム、メープルシロップであえた、
クリーミーでコクのある、やや甘めのひと皿。
ローズマリーやレーズンを加えたり、シナモンをふっても合います。

材料（4人分）
かぼちゃ … 1/4個（400g）
バルサミコ酢 … 大さじ2
A｜生クリーム … 1/4カップ
　｜メープルシロップ（またははちみつ）… 小さじ1
　｜塩 … 小さじ1/2
スライスアーモンド … 大さじ2※
バゲット … 適量
※フライパンの弱火でからいりする

作り方
① かぼちゃは種とワタを除いて皮ごと3cm角に切り、耐熱ボウルに入れてラップをかけ、電子レンジで3分加熱する。
② 小鍋にバルサミコ酢を入れて煮立たせ、火を止めてAを混ぜる。①に加えてあえ、冷蔵室で保存する。
③ 食べる時に器に盛ってアーモンドを散らし、バゲットを添える。

Menu.1

[Dessert]

コーヒープディング

牛乳と生クリームにコーヒーの香りを移して作る、
カフェオレ風味のふるふるプリン。フライパンで蒸します。
加熱後に生地をゆらしてみて、ゆれなければ完成です。

材料（直径12×高さ2cmの耐熱皿4個分）
A｜卵 … 1個
　｜卵黄 … 1個分
　｜砂糖 … 大さじ2
B｜牛乳 … 120ml
　｜生クリーム … 90ml
　｜コーヒー豆（細かくひいたもの）… 小さじ1 ※1
くるみ … 適量 ※2
※1 または、インスタントコーヒー小さじ1/2
※2 フライパンの弱火でからいりし、粗く刻む

作り方
① 小鍋にBを入れて中火で沸騰直前まで温め、ざるでこす。
② ボウルにAを入れて泡立て器でよく混ぜ、①を少しずつ加えて混ぜ、ざるでこす。
③ フライパンにキッチンペーパーを敷き、器をのせて②を流す。まわりに熱湯を2cm注ぎ、ふきんで包んだふたをして弱火で12分蒸し、そのまま粗熱をとる。冷蔵室で1時間以上冷やし、食べる時にくるみ（またはくるみの黒糖ロースト）をのせる。

【くるみの黒糖ロースト】
残った卵白で…くるみ100g、黒砂糖50g、卵白小さじ2を混ぜ、オーブンシートを敷いた天板に広げ、160℃に温めたオーブンで20分焼く。コーヒープディングやバニラアイスにのせたり、コーヒーに添えて食べても。

豚肉と根菜のオーブン焼き献立

［麻（マー）と辣（ラー）］

「辛い」と言われて思い描くのは、唐辛子のピリリとした刺激。中国では「辣」（ラー）というそうです。辛党と言われる人たちは、本当に辛いものが大好きで、辛さに強い人が多いですね。私は（甘党なもので）普通に好き。でも、その割にけっこう強いほうかもしれません。夫は逆で、すごく好きだけれど弱い。ピリ辛でおいしい、と私が食べすすめる向かいで、一人顔を真っ赤にして、滝のように汗を流して食べている。なぜこの人はそこまでして、辛いものを食べたがるのか…。不思議でしかたがありませんでした。

そんなある日、夫に連れて行かれた香港島の山腹にある四川料理店。名物は真っ赤な火鍋。いかにも辛そうだけれど、彼が食べられるのだから、そうでもなかろう。そうたかをくくっていたら…。これが、ひと口目から辛い!!!　舌がしびれるような、息をするたびに口の中に夏の熱い風が吹き荒れるような…。いやもう、とにかく辛いっ！　慌てて飲んだ水すら、辛く感じます。それは山椒の辛さ、「麻」（マー）の刺激でした。料理の合いの手として、20年ぶりくらいにコーラを頼み、ガブ飲みしつつ食べる私の向かいで、案外平気で食べる夫…。確かに見た目の色の割には、「辣」はさほど強くないのでした。

味の分別の仕方は、中国五行説で5つ、アーユルヴェーダで6つ。ほかにも諸説があり、それぞれ微妙に違いますが、辛みにあたる味を、四川では唐辛子の「辣」（ラー）と山椒の「麻」（マー）で区別するそうです。なるほど、山椒の辛みは、唐辛子とは別方向の刺激です。しびれるような辛みで麻痺しかけた舌でも、しっかり感じる香りとうまみは、もうひと口、もうひと口と食べすすめさせる力があるように思います。

「麻」超初心者を認識した私ですが、最近では花椒（ホワジャオ）を購入し、中華風のメニューに少しずつ使い始めました。和食に比べて、どうしても濃くなりがちなお料理の隠し味に。しっかりと前面に出すほど使わなくても、舌に余韻を残す少しの刺激があることで、おいしい料理として人の記憶にも残る気がします。

そんな控えめなきかせ方が、私の身のほどに合っているようではあるのですが…。やっぱり時折、あの嵐のような鍋が食べたくなる。麻味の「麻」には、食べすすめずにはいられない、魔術のようなあやしい魅力があると思うのです。

Appetizer
ささみとピーラーきゅうりの
バンバンジー

Appetizer
花椒（ホワジャオ）風味の
野菜の浅漬け

Dessert
杏仁豆腐

Main

豚肉と根菜のオーブン焼き

焼き豚風の豚かたまり肉のオーブン焼きです。
人が来る時は、野菜も一緒に入れて焼くと、
豪華になって、ボリュームも出ておすすめ。
今日はさつまいもと、食感のいいれんこんです。

Table setting
中華ということにこだわらず、フランスや和のものを組み合わせて。布はフランス製の花柄、メインにはフランスの洋皿、前菜には和食器を。取り皿は使い勝手のいい直径15cmのものにし、ブルーをアクセントに。

豚肉と根菜のオーブン焼き

焼きたてより少し冷めたくらいが、味がなじんでおすすめ。
たっぷりの白髪ねぎやきゅうりを添えて、
一緒に食べてもよく合います。

ささみとピーラーきゅうりのバンバンジー

Appetizer

きゅうりはピーラーでスライスすると、
新鮮だし、パリパリと食感がいいのです。
調味料など、使う材料はやや多めですが、
この配合がコクがあって気に入っています。

花椒(ホワジャオ)風味の野菜の浅漬け

Appetizer

野菜は、少しだけ乾燥させるのがコツ。
食感がさくっとなって、
味もよくしみ込みます。
うずら卵が入ると、
ちょっとうれしい。

Dessert

杏仁豆腐

スーパーでも売っている杏仁霜(きょうにんそう)があれば、杏仁豆腐も手軽に作れます。
グラニュー糖50gと水150mlを煮立たせて冷たくしたシロップをかけてもおいしいし、それに季節のフルーツを加えてもすてきです。

Table setting
浅めのガラス器にふるふるの杏仁豆腐を小さく盛りつけ、涼しげに。濃いブルーのホーローのレンゲを添え、中華テイストにまとめます。

Menu.2

[Main]

豚肉と根菜のオーブン焼き

豚肉には甘めの味つけがよく合うので、
ケチャップとはちみつを加えました。ツヤッとしたテリも出ます。
焼きたてもいいけれど、冷めてもしっとり。3〜4日はおいしい。
野菜はじゃがいもやかぶなど、根菜なら何でも合うと思います。

材料（4人分）
豚肩ロースかたまり肉…450g
A｜オイスターソース…大さじ2
　｜ケチャップ、はちみつ…各大さじ1
　｜しょうゆ…小さじ½
　｜しょうが（すりおろす）…1かけ
さつまいも（皮ごとひと口大の乱切り）
　…1本（200g）
れんこん（ひと口大の乱切り）…1節（200g）
B｜ごま油…大さじ1
　｜塩…小さじ½
　｜こしょう…少々

作り方

① ファスナー式の保存袋に豚肉、**A**を入れてもみ込み、冷蔵室で1時間以上おく。さつまいもとれんこんはボウルに入れ、**B**をからめる。

② 耐熱皿（またはバットやオーブンシートを敷いた天板）に豚肉の汁けをきってのせ（つけ汁は大さじ1残す）、200℃に温めたオーブンで10分焼く。

③ 肉の上下を返し、つけ汁大さじ1をかけ、まわりに野菜を加え、200℃のオーブンでさらに20分ほど焼く。そのまま冷ますとよりおいしい。豚肉を食べやすく切り、器に盛る。

[Appetizer]

ささみとピーラーきゅうりの
バンバンジー

さっぱりしたささみが、おいしくいただけるレシピです。
ごまだれであえておくと、ささみがしっとりと濃厚な味わいに変身。
豆腐にのせたり、レタスに包んで食べてもいいですね。

材料（4人分）
鶏ささみ…4本（200g）
A｜白練りごま…大さじ2
　｜白いりごま、酢、しょうゆ、
　｜　ささみのゆで汁…各大さじ1
　｜砂糖…小さじ2/3
　｜豆板醤、ごま油…各小さじ1/2
　｜塩…ひとつまみ
　｜にんにく、しょうが（ともにみじん切り）
　｜　…各1かけ
きゅうり（ピーラーでスライスし、
　長さを半分に切る）…1本
レタス（細切り）…1/4個
長ねぎ（5cm長さのせん切りにし、水にさらす）
　…1/2本
白いりごま…適量

作り方

① ささみは酒少々、長ねぎの青い部分（ともに分量外）を加えた熱湯に入れ、ふたをして弱火で1分ゆで、そのまま冷ます（ゆで汁は大さじ1残す）。

② ボウルにAを入れて混ぜ、①を手で大きめにさいて加えてあえ、冷蔵室で保存する。

③ 食べる時に器にレタス、きゅうりの順に盛り、②、長ねぎをのせ、白ごまをふる。

Menu.2

[Appetizer]

花椒風味の野菜の浅漬け
（ホワジャオ）

ピリッとした花椒と紹興酒が香って、口直しにぴったり。
きゅうりやみょうがで作っても。紹興酒を料理に加えると、
炒めものや煮ものなども、ぐっと中華っぽい味になります。

材料（4人分）
大根（5cm長さ×1cm角の棒状に切る）… ¼本
にんじん（5cm長さ×1cm角の棒状に切る）… 1本
うずらの卵… 10個※
A｜紹興酒… 70ml
　｜しょうゆ、砂糖… 各大さじ2
　｜花椒（軽くつぶす）、塩… 各小さじ1
　｜にんにく（薄切り）… ½かけ
　｜赤唐辛子（小口切り）… 1本
※室温に戻し、熱湯で2分ゆでる

作り方
1. 野菜はざるに広げ、天日で半日干す（または、100℃に温めたオーブンで15分ほど焼く）。
2. 小鍋にA、水1カップを入れて煮立たせ、熱いうちにボウルに移して①、うずらの卵を加え、粗熱がとれたら冷蔵室で半日以上おく。

● 花椒（ホワジャオ）
中国の山椒で、柑橘系の香りと強い辛みが特徴。炒めものなどにこしょうがわりに使うと、刺激的でスパイシーな味わいに。

Menu.2

[Dessert]

杏仁豆腐

クリーミーでややこってりとした、リッチな口あたり。
ふるっとした食感で、みんなに好かれるデザートです。
いちごやいちじくなど、季節のフルーツをのせても合います。

材料（直径12×高さ5cmの容器5〜6個分）
A｜杏仁霜（きょうにんそう）… 20g
　｜グラニュー糖… 70g
牛乳… 200ml
生クリーム… 200ml
粉ゼラチン… 10g※
白桃（缶詰・4つ割り）… 1缶（295g）
※水大さじ3にふり入れ、ふやかす

● 杏仁霜（きょうにんそう）
あんずの種の中の仁を粉末にし、砂糖やコーンスターチなどを加えたもの。牛乳、砂糖と混ぜてシャーベットにしても。

作り方
1. 小鍋にA、水1カップを入れ、泡立て器で混ぜながら中火にかける。沸騰してとろみがついたら牛乳を加え、全体が温まったら火を止め、ふやかしたゼラチンを加えて溶かす。
2. 鍋底に氷水をあてて耐熱のゴムベラで混ぜ、少しとろみがついたらボウルに移し、生クリームを加えて混ぜる。冷蔵室で1時間以上冷やし固める。
3. スプーンですくって器に盛り、くし形に切った桃をのせ、桃缶のシロップをかける。

23

豚肉のポットロースト献立

[料理の国境]

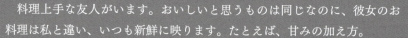

　料理上手な友人がいます。おいしいと思うものは同じなのに、彼女のお料理は私と違い、いつも新鮮に映ります。たとえば、甘みの加え方。
　私の実家は、料理に砂糖をほとんど使いませんでした。牛肉を炒めるのだって、酒としょうゆだけ。しょうゆも薄口でしたから、いつも塩味がキリッと先に立ちます。そのせいか市販の、特にお弁当類はたいてい甘く感じ、舌にべったりと残るようで苦手でした。
　でも、彼女のお料理は印象として甘さが残っても、不思議とおいしく感じます。味見の段階で見ていると…何かが足りないなと、すっと白みそに手がのびる彼女。生クリームやバターを使った、洋風なお料理にも混ぜちゃう。ちょっと味が薄いなという時は、ドライフルーツを刻んで加える。口に含む頃には、ドライフルーツが水分を含んで、とろりと濃厚な甘さをかもし出します。彼女の使う甘みは、砂糖だけではないのです。
　白みそは、和食以外にも使えるんだ。ドライフルーツをお菓子作りにしか使わなかったのも、もったいない。私も見よう見まねで少しずつ試してみたところ、時々失敗もあるけれど、これはいける！となったものもたくさん。ほのかな甘みっておいしいんだな。そんなふうに思えるようになりました。
　ありがたいことに、今の日本では海外の調味料でも、手に入りやすいものがたくさんあります。料理のジャンルに縛られずに、それぞれの調味料が持つ特徴を理解して使えば、料理の「おいしい」の幅はぐんと広がるように思います。
　甘さも欲しいけれど、最後にすっきりしめたければ、バルサミコ酢や黒酢。輪郭のはっきりした塩けとコクが欲しければ、赤みそかしょうゆ。野菜だけのうまみでは物足りない時に、イノシン酸のひとふり、ナンプラーやひとつかみの削り節…などなど。昔から知っている味に、新しく出会った味をプラスすれば、そこにまた新しい味が生まれます。
　生まれ育った家庭の味から、いろいろなところでいろんな人と知り合って、「おいしい」の幅が広がっていくのは、とても楽しいこと。これから先、「え、そんな組み合わせがあるの？」と思う食べ方が現れたとしても、試さないなんてもったいない！　柔軟な頭を持ってさえいれば、そこにはいつだってさらなる「おいしい」発見が待っているように思います。

Appetizer
ほたてとかぶの
梅カルパッチョ

Appetizer
アスパラとスナップえんどうの
揚げびたし

Dessert
あんずのシロップ煮と
ヨーグルトムース

Main

豚肉のポットロースト

見た目はビーフシチューっぽく見えますが、
赤みそを使った和風味の煮込みです。
隠し味にドライプルーンを加えると、
印象深いあと味に仕上がります。

Table setting
メインの煮込みとほたての前菜をのせた皿は、どちらも和食器ですが、和食の献立とはいえ、あえて和皿っぽくないものを選んでみました。鮮やかな紺色のテーブルクロスを敷き、全体を引きしめます。

Appetizer

ほたてと
かぶの梅カルパッチョ

梅のソースさえ作れば、あとは盛りつけるだけ。
ほたては熱湯をかけると、うまみが増します。
梅の酸味と色合いがアクセントです。

Appetizer

アスパラとスナップ
えんどうの揚げびたし

揚げびたしとはいっても、アスパラなどは
揚げても油をそれほど吸わず、
色が鮮やかになるくらい。
思いのほかあっさりといただけます。
トマトとレモンをのせ、さらにさっぱりと。

Dessert

あんずのシロップ煮と ヨーグルトムース

ヨーグルトと生クリームで作る、
さわやかでコクのあるデザート。
季節のフルーツをのせたり、
市販のジャムをゆるめてかけてもいいですね。

Menu.3

材料（直径7×高さ7.5cmの容器5〜6個分）
プレーンヨーグルト…300g ※1
生クリーム…200ml
砂糖…50g
粉ゼラチン…7g ※2
A ┃ レモン汁…小さじ1
　┃ レモンの皮（ワックス不使用のもの）
　┃ 　のすりおろし…少々

※1 上の水分（ホエー）が入らないように（味が薄くなるため）
※2 水大さじ3にふり入れ、ふやかす

【あんずのシロップ煮】
材料(作りやすい分量／200g分)
小鍋に4等分に切ったドライアプリコット100g、砂糖大さじ4、水1½カップを入れ、オーブンシートの落としぶた（46ページ参照）をし、弱火で20分煮る。中火でとろりとするまで汁けをとばし、はちみつ大さじ1を加えて混ぜる。

※日持ちは冷蔵室で約2週間。ヨーグルトやバニラアイスにかけたり、パンにつけてもおいしい

作り方

1. 耐熱容器に生クリーム50mlを取り分け、ラップをかけて電子レンジで30秒加熱し、ふやかしたゼラチンを加えて溶かす。これとヨーグルトをボウルに入れ、泡立て器でよく混ぜる。
2. 別のボウルに残りの生クリーム、砂糖を入れ、ピンとツノが立つまで泡立てる（九分立て）。①に加えて泡立て器でさっくりと混ぜ、Aも加え、冷蔵室で2時間以上冷やし固める。
3. スプーンですくって器に盛り、あんずのシロップ煮をかける。

Menu.3

[Main]

豚肉のポットロースト

大好きな赤みそで煮込みが作れたらいいなあと、
考えたレシピです。赤みそは甘みを感じにくいので、
それを補うためにプルーンを合わせました。
見た目よりも軽い味わいで、お肉もやわらかく食べられます。

材料（4人分）
豚肩ロースかたまり肉…500g
　塩…小さじ½
　こしょう…少々
　小麦粉…大さじ1
玉ねぎ（4cm角に切る）…1個
にんじん（ひと口大の乱切り）…1本
にんにく（つぶす）…1かけ
白ワイン…¼カップ
ドライプルーン（種抜き）…8個
A　赤みそ…大さじ2
　　しょうゆ…小さじ2
　　シナモンパウダー（あれば）…少々
サラダ油…少々

作り方

❶ 豚肉は塩、こしょうをふって小麦粉をまぶし、サラダ油を熱した厚手の鍋で中火で全体をこんがり焼き、玉ねぎ、にんじん、にんにくを加えてさっと炒める。

❷ 白ワインを加えて煮立たせ、プルーン、水2カップを加えてふたをし、煮立ったら弱めの中火で20分煮る。

❸ **A**を加え、弱めの中火で5分煮、塩、こしょう（ともに分量外）で味を調える。豚肉を食べやすく切り、器に盛る。

※一度冷ましてから温め直すと、味がしみてよりおいしい

Menu.3

[Appetizer]

ほたてとかぶの梅カルパッチョ

ほたてとかぶは交互に重ねると、食べやすく、見た目も華やかに。
水菜やみつばなどの葉野菜をたっぷり合わせて、
わさっとサラダ風にしてもいいですね。

材料(4人分)
ほたて貝柱(刺身用)…5個(200g)
かぶ(皮をむき、薄い半月切り)…2個
A│梅干し(たたく)…小1個
　│しょうが(せん切り)…½かけ
　│みりん、酒…各大さじ1
　│赤唐辛子(小口切り)…少々
酢…小さじ1
オリーブ油…大さじ1
青じそ(せん切り)…3枚

作り方
❶ 小鍋にAを入れて煮立たせ、火を止めて酢、オリーブ油を混ぜる。かぶは塩少々(分量外)をふってもみ、しんなりしたら水けを絞る。ともに冷蔵室で保存する。
❷ 食べる時にほたてに熱湯を回しかけ、厚みを2～3等分に切る。器にほたてとかぶを交互に並べ、①のソースをかけ、青じそをのせる。

Menu.3

[Appetizer]

アスパラとスナップえんどうの
揚げびたし

素揚げした野菜をだし汁にひたし、
冷蔵室でひと晩つけて、じっくり味をしみ込ませます。
れんこんやかぼちゃ、ズッキーニ、しいたけで作っても。

材料(4人分)
グリーンアスパラ(下の皮をピーラーでむき、
　長さを3等分に切る)…大1束(12本)
スナップえんどう(筋を除く)…12本
トマト…小1個
削り節…2パック(5g)
A│酒…大さじ1
　│みりん…大さじ½
しょうゆ…大さじ1
レモン汁…小さじ1
揚げ油、レモンの薄切り…各適量

作り方
❶ 削り節は熱湯¾カップを加え、10秒おいてこす。電子レンジで20秒加熱したA、しょうゆを混ぜ、粗熱がとれたらレモン汁を加える。
❷ アスパラとスナップえんどうは中温(170℃)の揚げ油で1分揚げ、①に加えて冷蔵室で保存する。
❸ 食べる時に器に盛り、湯むきして1cm角に切ったトマト、半分に切ったレモンをのせる。
※トマトの湯むきは、ヘタの反対側に十字の切り込みを入れ、熱湯につけて冷水にとり、皮をむく

Menu.4
タンドリーチキンと焼きピラフ献立

[スパイスの効能]

　10年近く前に体調をくずしていた頃、インターネットで検索し、見つけたのが、「バーベリン・アーユルヴェーダ治療院」。どうしても行きたくて、健康オタクの父を誘い、初めてスリランカへ行くこととなりました。
　バーベリンのお料理は、基本はベジタリアン食で作り方も簡単、分量なんてあってないようなもの。でも、おいしい。動物性タンパク質をほとんど使わないのに、しっかり満足でき、飽きることはありませんでした。お米が主食なのも、しっくりとなじむ理由だったのかもしれません。どんなにたらふく食べても胃がもたれず、次の食事の時間には、ぐぅぅとお腹が減る。それは、たっぷりの野菜とスパイスのおかげ。
　スリランカの料理書は、スパイスを洗うところから始まります。「1. スパイスを洗い、ほこりや土を取り除き、干す」と書いてあるのです。野趣あふれるスパイスたちの香りは鮮烈。料理を大きく変え、薬に近い効能があります。治療院では症状に合わせてスパイスを煎じて飲ませ、人によってこれはダメ、あれは食べていいなど、厳しいチェックもありました。
　2回目に訪れた時は厨房に入って、いろんなスパイスを使った料理を習いました。でもスパイスはハーブと違って、量を間違えると苦みも出るし、いろいろ買っても香りがとばないうちに使い切るのは、ハードルが高いもの。
　だから私は、今でもさほど種類を持っていません。おすすめなのはクミンやコリアンダー、カルダモン。まずはご自身の好きな匂いのものから、少しずつストックしていけばよいかと思います。シンプルな野菜料理でも、油で炒ったスパイスの香りがすれば、それだけでエスニックに。暑い国の料理に変身し、夏でも食欲がわいてきます。
　ところで、バーベリンは治療院ですから、スリランカなのに唐辛子は厳禁、薬との兼ね合いが悪いというトマトも使われていませんでした。それでも十分に幸せな食生活でしたが、今でも忘れられないのが、ある日、厨房からの抜け道にあるココナッツ小屋で目撃した、従業員の人たちが食べていた赤いカレーらしきもの。あれは、トマトに唐辛子もたっぷり入ったカレーだったに違いない。お肉も見えた（気がする）。
　いつかまたあの地を訪れ、最終日に彼らに紛れて、赤いカレーを食べさせてもらいたいなあ、と何年も思い描いています（おそらく、治療の効果はすべて消えてしまうけれど…）。

Appetizer
カリフラワーとししとうのサブジ

Appetizer
マンゴーと紫玉ねぎのアチャール

Dessert
ジンジャーティーアイス

Table setting
やや派手な赤のテーブルクロスで、インドっぽい雰囲気に。器は落ち着いた色みにして、料理が引き立つようにしました。エスニック調のカトラリーは、1セットだけ持ち、こんなふうにサーバーがわりにしても。

Main

タンドリーチキンと焼きピラフ

鶏肉はもも肉と手羽元の2種類を使うことで、
メインとしてのうまみ、ボリューム感を出します。
ぐっとシンプルなレシピにしてあるので、
クミンやコリアンダーなどのスパイスを加えても。

[Appetizer]

マンゴーと紫玉ねぎの
アチャール

箸休めにぴったりな、インドの漬けものです。
油が多めなインド料理の中で、油を使わず、
口直しとして食べるピクルスのようなもの。
甘みが少ないマンゴーでもおいしくできます。

[Appetizer]

カリフラワーと
ししとうのサブジ

サブジは、野菜をスパイスで蒸し煮にした
インド料理のこと。水を加えずに、
オイルのみで蒸し煮にするのが特徴です。
ししとうを加え、スパイシーな風味をつけました。

Menu.4

材料（直径5.5×高さ5.5cmの容器5〜6個分）
A ｜ 紅茶の葉（ティーバッグ・アッサム）…3袋（6g）
　｜ しょうが（みじん切り）…1かけ
　｜ カルダモン（ホール・つぶす）…3〜4粒
加糖練乳…80g
砂糖…大さじ1
生クリーム…200ml

作り方
① 小鍋にA、水180mlを入れて中火で煮立たせ、火を止めて5分蒸らし、ぎゅっと絞る（130mlくらいになる）。
② 練乳、砂糖を加えて泡立て器で混ぜ、粗熱がとれたら生クリームの半量を混ぜ、バット（24×20cm）に流して冷凍室で2時間以上冷やし固める。
③ 残りの生クリームを回しかけ、スプーンで削りながら全体に混ぜ、冷凍室で1時間ほど冷やし固める。スプーンですくって器に盛り、まわりの皮を除いて刻んだカルダモン（分量外）をふる。
※カルダモンのかわりに、シナモン少々を加えてもいい

●カルダモン
甘く上品な香りが特徴で、カレーに欠かせない香辛料のひとつ。「香りの女王」とも呼ばれる。皮から種を出し、たたいてつぶして使うと、より香りが強まる。

[Dessert]

ジンジャーティーアイス

紅茶とスパイスで、すっきりとしたあと味の、
ソルベとの中間のようなアイスです。
生クリームをあとから半量加えると、
カチカチに凍らずに作りやすいです。

Menu.4

[Main]

タンドリーチキンと焼きピラフ

ヨーグルトや玉ねぎなど、肉がやわらかくなるものでマリネし、あとはオーブンに入れて焼くだけと、とっても簡単。
米のかわりに、カリフラワーやブロッコリーを油であえて一緒に焼いても。

材料（4人分）

鶏もも肉（4等分に切る）…1枚（250g）
鶏手羽元…4本（200g）
A │ プレーンヨーグルト…大さじ5
　│ 玉ねぎ（すりおろす）…大¼個
　│ にんにく、しょうが（ともにすりおろす）
　│ 　…各1かけ
　│ レモン汁…大さじ½
　│ カレー粉、塩…各小さじ1
米…1合（180ml）
B │ パセリ（みじん切り）…大さじ5
　│ オリーブ油…大さじ3
　│ 塩…小さじ½
　│ にんにく（みじん切り）…1かけ

作り方

① ファスナー式の保存袋に鶏肉、手羽元、Aを入れてもみ込み、冷蔵室でひと晩おく。
② 米は塩大さじ1（分量外）を加えた熱湯で10分ゆで、ざるに上げて冷水で洗い、水けをきってBであえる。
③ 耐熱皿のまわりに②を入れ、水¾カップを回しかけ、まん中に①を重ならないように並べ、つけ汁をかける。200℃に温めたオーブンで25〜30分焼く。

※水のかわりに同量のトマトジュースをかけ、トマトピラフにしてもいい
※Aは合わせてフードプロセッサーにかけてもOK
※Aにクミンシードやコリアンダーシードを小さじ⅓ずつ加えると、より本格的に

Menu.4

[Appetizer]

カリフラワーとししとうのサブジ

コリアンダーとクミンは、エスニックな香りをプラスしてくれる万能選手。
好みで、いつものカレーなどに少し足してもおいしい。
キャベツ、じゃがいも、にんじん、オクラなど、いろいろな野菜で試して。

材料（4人分）

カリフラワー（小房に分ける）…1株（正味350g）
ししとう（ヘタを除く）…1パック（12本）
A｜玉ねぎ（みじん切り）…½個
　｜にんにく、しょうが（ともにみじん切り）
　｜　…各1かけ
　｜コリアンダーシード（軽くつぶす）…小さじ1※
　｜クミンシード…小さじ½
ガラムマサラ（またはカレー粉）…小さじ½
塩…小さじ⅔
オリーブ油…大さじ3
※またはカレー粉小さじ½

作り方

1. 厚手の鍋にオリーブ油、Aを入れて中火で炒め、玉ねぎが透き通ったらカリフラワー、ししとう、塩を加えてさっと混ぜ、ふたをして弱めの中火で20分蒸し煮にする。
2. ガラムマサラを加えてひと混ぜし、粗熱がとれたら冷蔵室で保存する。
3. 食べる時に器に盛り、ガラムマサラ（分量外）をふる。

※途中でこげそうになったら、水を少し足して
※食べる時に温め直しても、冷たいままでもおいしい

●コリアンダーシード
パクチー（香菜）の種子であるコリアンダーシードは、さわやかで甘い香りのするスパイス。つぶして使う。キャロットラペに加えても美味。

●クミンシード
インド料理などによく使われる、カレー風味のスパイス。市販のルウでカレーを作る時、肉や野菜を先にこれで炒めてもおいしい。プチッとした食感も魅力。

Menu.4

[Appetizer]

マンゴーと紫玉ねぎのアチャール

マンゴーで作ると、甘みが入っておいしいんです。
仕上げにガラムマサラなどの辛みのスパイスをふって、
ピリッと味を引きしめます。

材料（4人分）

マンゴー（ひと口大に切る）…1個
紫玉ねぎ（薄切り）…1個
A｜白ワインビネガー（または酢）…大さじ2
　｜塩、砂糖…各小さじ½
ガラムマサラ…少々※
※または一味唐辛子、チリパウダーでも

作り方

1. ボウルに紫玉ねぎ、Aを入れてよく混ぜ、マンゴーを加えてさっとあえ、冷蔵室で保存する。
2. 食べる時に器にマンゴー、紫玉ねぎの順に盛り、ガラムマサラをふる。

Menu.5

鯛とじゃがいものオーブン焼き献立

[オーブンと私]

オーブンは、小さな頃からずっと私の憧れでした。
　お菓子の本を穴があくほど眺め、「これ作りたいからお願い！」と頼み込んで、ようやく買ってもらったのが中学生の時。白くてやたらと奥行きのある立派なオーブンで、置き場を確保するのが大変だったことを覚えています。
　パリで一人暮らしを始めた時に買い求めたのは、電器屋さんに並んでいた、びっくりするほど小さな安価なオーブン。ちゃんと使えるのかしら？と不安になりながら持ち帰りましたが、温度設定はもちろん、上火と下火のコントロールもできる、なかなか優秀な子でした。その時以来、私のオーブン使用頻度は劇的に上がりました。
　2コンロしかないパリのキッチンで、オーブンは毎日フル稼働。真ん中に肉や魚を置き、まわりにオイルで軽くあえた野菜を敷いて。肉汁がからまった野菜も一緒にいただけば、もうそれだけで豪華な夕食です。パンが食べたい時は、ひとまわり小さい耐熱容器に肉と野菜を入れ、途中で横にバゲットをギュッと押し込む。こんがりとしたパンも同時に仕上がります。
　もともとオーブンは、お菓子を焼く道具と思っていた私。料理での使い方は、フランスのいろんな家庭で学びました。でき合いのソーセージとトマトを焼くだけ、冷蔵庫にある野菜をあえて焼くだけなど、どの家庭でも作り方はいたってシンプル。
　日々の料理でオーブンのくせなどを熟知しているからこそ、人が来るから丸鶏を焼こう、おいしい魚を調達してこよう、ハーブを合わせて散らそうと、アレンジが容易にできるのだと思います。食事する人数が増えたところで、さほど手間も時間も変わらず調理できるのも、オーブンのよいところ。そんな日常の延長線上の、ゆとりのあるおもてなしが、私にはとてもすてきに見えました。
　こんなに便利なオーブン、日本でももっと使われればいいのに！と思うのですが、日本では予熱にかなり時間がかかること、電気代がそれなりにすること、などなどフランスとの違いもあるのでしょう。日常の調理道具になる日は、まだ少し遠そうです。でもだからこそ、オーブンから出すたっぷりとしたアツアツのお料理は目に新鮮で、大きな歓声がわく、おもてなしにぴったりのお料理なんじゃないかなと思います。

Appetizer
カポナータ

Appetizer
鶏肉とりんごのブルーチーズあえ

Dessert
レモン風味のパンナコッタ

Main

鯛とじゃがいものオーブン焼き

にんにくとローズマリーの香りをきかせ、
オーブンでこんがりと焼き上げます。
焼き時間残り10分くらいのところで、
あさりと白ワインを加えると、より豪華に。

Table setting
魚料理がメインなので、全体的に軽やかな印象に。カトラリーは統一されていなくても、かえってカジュアルでいい。皿は同じ白でも、質感や厚みの違うものを選ぶと楽しいです。

[Appetizer]

カポナータ

揚げ焼きした野菜をトマトソースであえる
カポナータ。1日たつと、より美味です。
私は、ぽくぽくしておいしいかぼちゃを
必ず入れたくなります。

[Appetizer]

鶏肉とりんごの
ブルーチーズあえ

フライドチキンにブルーチーズソースを
つけて食べる、アメリカ料理をヒントに。
りんごは色が変わりやすいので、
食べる直前に合わせます。

Dessert

レモン風味のパンナコッタ

レモンの皮が入っていて、
ソースなしでもおいしくいただけます。
甘酸っぱいラズベリーソースをかけると、
味がまた変わって楽しい。

Menu.5

材料（直径8×高さ5.5cmの容器4個分）

A | 生クリーム…200ml
　| 牛乳…200ml
　| 砂糖…50g
　| レモンの皮（ワックス不使用のもの）
　|　のすりおろし…1/4個分

粉ゼラチン…7g※

【ラズベリーソース】

B | ラズベリー（冷凍）…100g
　| 砂糖…大さじ2

レモン汁…少々

※水大さじ3にふり入れ、ふやかす

作り方

① 鍋にAを入れて中火にかけ、泡立て器で混ぜながら沸騰直前まで温め、砂糖が溶けたら火を止め、ふやかしたゼラチンを加えて溶かす。

② 器に流し、粗熱がとれたら冷蔵室で2時間以上冷やし固める。

③ 耐熱ボウルにBを入れ、ラップをかけずに電子レンジで1分加熱し、ざるでこして種を除き、レモン汁を混ぜる。冷蔵室で冷やし、食べる時に②にかける。

Menu.5

[Main]

鯛とじゃがいものオーブン焼き

鯛は焼くと縮むので、なるべく大ぶりのものを選んで。
鯛のかわりに、鮭や鶏肉で作ってもおいしいです。
ローズマリーなどのハーブを入れずに、
仕上げにバジルや香菜（シャンツァイ）を散らしても合います。

材料（4人分）
鯛の切り身（長さを半分に切る）…4枚（400g）
　塩…小さじ2/3
　こしょう…少々
じゃがいも…5個（600g）
にんにく（つぶす）…1かけ
ローズマリー（生・6等分に切る）…1枝※
オリーブ油…大さじ2
レモン…適量
※またはタイム、パセリでも

作り方

❶ じゃがいもは洗って水がついたまま1個ずつラップで包み、電子レンジで4分加熱して半量の皮をむき、4等分に切る。オリーブ油大さじ1、塩少々（ともに分量外）をからめる。

❷ 耐熱皿にオリーブ油大さじ1（分量外）、にんにくを入れ、オーブンに入れて予熱の間温めておく。

❸ ②に①、塩、こしょうをふった鯛の順にのせ、ローズマリーを散らし、オリーブ油を回しかけ、210℃に温めたオーブンで15～20分焼く。食べる時にレモンを添え、絞って食べる。

Menu.5

[Appetizer]

カポナータ

南イタリアの家庭料理で、ビネガーが入るのが特徴です。
なすやかぼちゃなど、1種類の野菜だけでもシンプルですてきだし、
パプリカ、ピーマン、アスパラ、いんげんを加えるのもおすすめ。

材料(4人分)
かぼちゃ(皮ごとひと口大に切る)…⅛個(200g)
ズッキーニ(1cm幅の輪切り)…1本
なす(乱切り)…1本※
A | にんにく(薄切り)…1かけ
　 | 赤唐辛子(小口切り)…¼本
　 | オリーブ油…大さじ1
B | ホールトマト缶…1缶(400g)
　 | タイム、オレガノ(ともに生)…各1枝
C | バルサミコ酢、塩…各小さじ1
　 | 砂糖…ひとつまみ
サラダ油…適量
※塩小さじ½をまぶして5分おき、水けをふく

作り方
❶ 厚手の鍋にAを入れて中火にかけ、香りが出たらBを加え、中火でつぶしながら10分煮詰める。
❷ フライパンに油を2cm入れ、かぼちゃとズッキーニ、なすの順に時々返しながら中火で揚げ焼きにし、火が通ったら油をきる。
❸ ①に②、Cを加えてあえ、冷蔵室で保存する。

●オレガノ
少しほろ苦くて、清涼感のある香りが特徴。トマト料理によく合い、バジルとともにイタリア料理に欠かせないハーブ。やさしい香りで扱いやすい。ドライを使ってもOK。

Menu.5

[Appetizer]

鶏肉とりんごのブルーチーズあえ

鶏むね肉は、ゆでたあと鍋の中でじっくり余熱で火を通し、
しっとりと仕上げます。ブルーチーズの塩けとコクが、
さっぱりとした鶏肉にからんで、あとを引くおいしさ。

材料(4人分)
鶏むね肉(厚みを均一にし、
　皮目をフォークで刺す)…1枚(250g)
りんご…小1個
セロリ(小口切り)…½本
ディル(生・ちぎる)…1枝
A | ブルーチーズ…40g※1
　 | プレーンヨーグルト…大さじ4※2
　 | マヨネーズ…大さじ1½
※1 電子レンジで10秒加熱し、やわらかくする
※2 キッチンペーパーを敷いたざるに広げ、15分水きりし、大さじ2を用意する

作り方
❶ 厚手の鍋に白ワイン大さじ1、塩小さじ1(ともに分量外)、水1½カップを入れて煮立たせ、鶏肉を加えてふたをし、再び煮立ってからごく弱火で2分ゆで、そのまま冷ます。
❷ ボウルにAを入れて混ぜ、1cm幅のそぎ切りにした①、セロリ、ディルを加えてあえ、冷蔵室で保存する。
❸ 食べる時に皮ごと5mm幅のくし形切りにしたりんごを加えて混ぜ、塩で味を調え、器に盛ってディル(ともに分量外)をのせる。

41

Menu.6

スペアリブと大根のコチュジャン煮込み献立

［パリの韓国風スープ］

　留学時代のフランスでは、手の込んだ料理を作ることはあまりありませんでした。例外は、たまの日曜日。いちばん大きなキッチンのある友人の家に集まって、みんなで料理。だいたいが初挑戦。味なんて実は二の次で、話し、大いに食べ、大笑いするのが楽しかった。

　ある日、なぜかうちにみんながやってくることになりました。2コンロで18㎡のわが家。夕方まで学校はあるし、当日何か作るのは無理。それでも何か温かくておいしいものを出したいと、私は前日から牛すね肉を買って煮込み、大根と一緒にスープにすることにしました。それは、私が料理本を見て覚えた韓国風のスープ。ごはんにかけて食べれば1品でごちそうの、お気に入りの料理だったのです。

　ところが当日。味の要（かなめ）となるコチュジャンがほとんどない。気づいた時には、すでに韓国食材屋さんに行く時間もなく、途方にくれた私はしょうゆとすりごまをやたらと入れ、なんとかスープを出しました。でも、自分の中ではコレジャナイ感が強かった…。

　おいしい調味料の穴は、ほかの材料ではなかなかうまらないし、料理の腕を磨いたところで、その味を作ることもできません。時間と手間をかけて作られていることを考えれば、当然のこと。その工程と味を考えれば、値段以上の価値があると、私はいつも思います。

　コチュジャンがなくても、毎日の食事には困らないけれど、普段の肉じゃがもスープも、コチュジャンを入れたら一気に韓国風。家にあると、料理がまた広がります。「ほかに何に使うんだろう？」なんて考えずに、おいしそうな調味料を見つけては、いろんなものにあれこれ使い、新たな味の発見をするのはとても楽しいものです。

　ところで、この話はそんな調味料の楽しさ、重要性を伝えたいところなのですが…。不満足な出来だったスープ。とろりとやわらかな牛すね肉は、「あれ、おいしかったなあ」と、あとで友人に言われるほど好評。調味料へのこだわりなんて、心を尽くして作れば、あとはその日の楽しさで案外どうにでもなるもの？

　結局のところ、「おいしい」という記憶は何を食べたかよりも、どんなふうに誰と食べたかが重要なのかも、とも思うのです。

Appetizer
いかとセロリの青ねぎあえ

Appetizer
かぶのしょうが漬け

Dessert
みかんと梨のマリネ

Table setting
彩度の高い紫色のテーブルクロスでアジア風に。前菜のかぶはその白さが映えるように、黒いお皿に盛りつけます。スッカラはサーバーにすると意外とかわいく、一気に韓国テイストにまとまります。

[Main]

スペアリブと大根の
コチュジャン煮込み

しょうゆとみりんで作る甘辛味の煮ものに、
ピリッと辛いコチュジャンを加えたら、
ぐっとごはんがすすむ味に。
スペアリブの骨から最高のだしが出ます。

Appetizer

かぶのしょうが漬け

かぶは水分が多く、その水分もおいしさのうち。
塩もみはせず、漬け汁につけるだけにします。
50ページのトマトのナムルを添えても。

Appetizer

いかとセロリの青ねぎあえ

いかはさっと火を通すだけだから、
しっとりとやわらかくて美味。
セロリがたっぷり食べられるのもうれしいです。

Menu.6

Dessert

みかんと梨のマリネ

韓国でよく使われる梨。
シロップに何か柑橘類を入れると、
さっぱりと、香りもよくなります。
梨はりんごや洋梨、みかんはオレンジでも。

材料（直径12×高さ4.5cmの容器4個分）
みかん…小3個
梨（皮をむいて8等分のくし形に切り、
　斜め半分に切る）…1個
すだち（薄い輪切り）…1個
すだちの絞り汁…1個分
グラニュー糖…30g

作り方

❶ みかんはヘタと底を切り落とし、包丁で薄皮ごと縦に皮をむき、3～4等分の輪切りにする。

❷ 小鍋にグラニュー糖、水1カップを入れて煮立たせ、熱いうちにボウルに移して①、すだち、すだちの絞り汁を加え、冷めたら梨を加える。冷蔵室で30分以上冷やす。

※熱いうちに梨を加えると、茶色く変色するので注意

Menu.6

[Main]
スペアリブと大根のコチュジャン煮込み

スペアリブは、コチュジャンのたれでしっかり下味をつけて。
酢を入れると、あと味がさっぱりするだけでなく、
肉がやわらかくなる効果もあります。
じゃがいも、れんこん、玉ねぎなど、根菜を何種類か入れても。

材料（4人分）
豚スペアリブ…4〜6本（500g）
A｜コチュジャン、酢、みりん…各大さじ1
　｜しょうゆ、酒…各大さじ2
大根（大きめの乱切り）…½本
にんにく（つぶす）…1かけ
赤唐辛子…1本
ごま油…大さじ1

作り方
❶ 豚肉はフォークで穴をあけ、ファスナー式の保存袋にAとともに入れてもみ込み、冷蔵室で30分おく。
❷ 厚手の鍋にごま油、にんにくを入れて中火にかけ、香りが出たら汁けをきった①（つけ汁は残す）、赤唐辛子を加えて強火で全体をこんがり焼き、大根を加えてさっと炒める。
❸ ①のつけ汁、水1½カップを加え、オーブンシートの落としぶたをしてふたをし、煮立ったら弱めの中火で40分煮る。肉がやわらかくなれば、でき上がり。ふたをとり、中火で5分煮詰める。

※一度冷ましてから温め直すと、味がしみてよりおいしい
※3〜4cm角に切った豚肩ロースかたまり肉や牛すね肉で作ってもおいしい（牛すね肉の場合は、煮る時間は60分）

Menu.6

[Appetizer]

いかとセロリの青ねぎあえ

カンカンに熱した油を香味野菜にかけ、
香りを出します。あえたてよりも少しおいたほうが、
味がなじんでさらにおいしくなります。

材料(4人分)
するめいか…2はい(正味300g)
セロリ(斜め薄切り)…1本
A｜万能ねぎ(小口切り)…½束
　｜しょうが(すりおろす)…1かけ
　｜塩…小さじ½
ごま油…大さじ4

作り方
❶ いかは足を引き抜いてワタ、軟骨を除き、胴は7〜8mm幅に切る(足は他の料理に使って)。熱湯でセロリ、いかの順にさっとゆで、水けをふく。
❷ ボウルにAを入れ、フライパンでアツアツに熱したごま油をかける。①を加えてあえ、冷蔵室で保存する。

Menu.6

[Appetizer]

かぶのしょうが漬け

しょうがと赤唐辛子がピリッときいた、
水キムチに近い、あっさりとした前菜です。
食べる時にごま油をかけ、香りを添えます。

材料(4人分)
かぶ(皮をむいて乱切り)…4個
A｜しょうが(せん切り)…½かけ
　｜赤唐辛子(小口切り)…1本
　｜塩、酒…各大さじ1
B｜ごま油…小さじ1
　｜塩…ひとつまみ
青じそ(せん切り)…5枚

作り方
❶ 鍋にA、水2カップを入れて煮立たせ、粗熱がとれたらボウルに移してかぶを加え、冷蔵室で2時間以上おく。
❷ 食べる時に汁けをきって器に盛り、Bをかけ、青じそをのせる。
　※すぐに食べる時は、室温に30分ほどおくと味がなじむ

47

Column 1.
当日さっと作れる春巻き

少しボリュームを足したい時には、
私はいつも大好きな春巻きを作ります。
少ない油で揚げられ、おつまみにも最適です。

豚ひき、えび、里いも

ベトナムで食べた、揚げ生春巻きをアレンジ。
ナンプラーと香菜で、エスニック風の味に。

材料(4人分／10本)
A｜豚ひき肉 … 100g
　｜ナンプラー … 小さじ1
むきえび … 160g
里いも … 5個(300g)
B｜香菜(ざく切り) … 2株
　｜にんにく(みじん切り) … 1かけ
　｜ナンプラー … 小さじ1/2
　｜塩 … 小さじ1/3
　｜こしょう … 少々
春巻きの皮 … 10枚
C｜小麦粉、水 … 各大さじ2
サラダ油 … 適量

作り方
❶ 里いもは洗って皮ごと1個ずつラップで包み、電子レンジで2分加熱し、皮をむいて粗くつぶす。Aは耐熱皿に入れて混ぜ、ラップをかけて電子レンジで1分加熱する。えびは酒少々(分量外)をふって包丁で細かくたたく。これらを手で練り混ぜ、Bを加えて混ぜる。
❷ 春巻きの皮を角を手前にして置き、①をのせ、左右と向こう端に混ぜたCを塗ってくるくる巻き、両端をねじる。フライパンに3cm入れて中温(170℃)に熱した油で7〜8分揚げる。

にんじんとクミン

この2つは、蒸し煮やラペにもする好きな味。
皮の中で蒸された、にんじんの甘みが最高です。

材料(4人分／10本)
A｜にんじん(4cm長さのせん切り) … 2本
　｜塩、クミンシード※ … 各小さじ1/2
春巻きの皮 … 10枚
B｜小麦粉、水 … 各大さじ2
サラダ油 … 適量
※フライパンの弱火でからいりする

作り方
❶ Aは混ぜ、角を手前にして置いた春巻きの皮にのせて手前、左右、向こうの順に巻き、混ぜたBでとめる。揚げ方は上と同じ。

じゃがいもとグリーンピース

カレー粉で風味をつけた、サモサ風のひと皿。
グリーンピースが彩りのアクセントです。

材料(4人分／小30個)
じゃがいも … 2個(240g)
A｜グリーンピース(冷凍) … 1/2カップ(60g)
　｜にんにく、しょうが(ともにみじん切り)
　｜　… 各1/2かけ
　｜青唐辛子(あれば・小口切り) … 1本
　｜オリーブ油 … 大さじ1/2
　｜カレー粉 … 小さじ1/2
　｜塩 … 小さじ1/3
春巻きの皮(縦3等分に切る) … 10枚
B｜小麦粉、水 … 各大さじ2
サラダ油 … 適量

作り方
❶ じゃがいもは洗って水がついたまま1個ずつラップで包み、電子レンジで3分加熱し、皮をむいて6等分に切る。A(グリーンピースは凍ったまま)を加えて軽くつぶしながら混ぜ、春巻きの皮で三角に包み、混ぜたBでとめる。
❷ 揚げ方は左と同じ。

大根としらす

しらすの塩けとうまみが、調味料がわりに。
1枚くるりと巻いた、青じその香りもさわやか。

材料(4人分／10本)
大根(4cm長さのせん切り) … 1/2本
しらす … 1カップ弱(80g)
青じそ … 10枚
春巻きの皮 … 10枚
A｜小麦粉、水 … 各大さじ2
サラダ油 … 適量

作り方
❶ 大根は塩少々(分量外)をふってもみ、しんなりしたら水けを絞り、しらすを混ぜる。
❷ 春巻きの皮を角を手前にして置き、青じそ、①の順にのせ、手前、左右、向こうの順に巻き、混ぜたAでとめる。揚げ方は左上と同じ。

Column 2.
当日さっと作れるあえもの

もう一品欲しい時に、身近な材料で作れるあえものです。野菜がたっぷり入っていて、サラダ感覚でも楽しむことができます。

きゅうりとアボカドのライタ

ライタはインド料理のヨーグルトサラダのこと。
クミンはカレー粉、ミントやディルにしても。

材料（4人分）

きゅうり（皮をピーラーでところどころむき、
　　乱切り）… 1本
アボカド（種と皮を除き、3cm角に切る）… 1個
A｜プレーンヨーグルト … 大さじ3
　　｜レモン汁、オリーブ油 … 各小さじ1
　　｜クミンパウダー、塩 … 各小さじ⅓

作り方

❶ ボウルに**A**を入れて混ぜ、きゅうり、アボカ
　ドを加えてあえる。
　※「ラムチョップのトマト煮込み献立」によく合う

ゆで卵としば漬けの白あえ

豆腐＋オイル＋ゆで卵で、マヨネーズ風の味わい。
マカロニ、じゃがいもをあえてもおいしい。

材料（4人分）

木綿豆腐 … ⅓丁（100g）
A｜太白ごま油 … 小さじ1
　　｜塩 … 小さじ⅓
半熟ゆで卵（縦横半分に切る）… 3個※
しば漬け（粗みじん切り）… 大さじ2
※室温に戻さず、水から入れて煮立ってから8分ゆでる

作り方

❶ 豆腐はキッチンペーパーで包み、電子レンジ
　で1分加熱して水きりし、**A**とともにフード
　プロセッサーにかける。

❷ ボウルに①、ゆで卵を入れてあえ、器に盛っ
　てしば漬けをのせる。
　※どんな献立ともよく合うので、ボリュームが欲しい時に

トマトのすりごまナムル

あれば黒酢を使うと、ぐっとコクが出ます。
すりごまを入れることで、おかずっぽく。

材料（4人分）

トマト（8等分のくし形切り）… 2個
A｜ごま油 … 大さじ1
　　｜白すりごま … 大さじ½
　　｜酢（あれば黒酢）… 小さじ1
　　｜塩 … 小さじ¼
　　｜にんにく（みじん切り）… 少々

作り方

❶ ボウルに**A**を入れて混ぜ、トマトを加えてあ
　える。
　※和食や韓国料理の献立によく合う

ブロッコリーのアンチョビあえ

イタリアンでおなじみのレシピです。
1日たって味がなじんでから食べるのもおすすめ。

材料（4人分）

ブロッコリー（小房に分ける）… 1株
A｜アンチョビ（フィレ・みじん切り）… 2枚
　　｜にんにく（みじん切り）… 1かけ
　　｜赤唐辛子（小口切り）… ¼本
オリーブ油 … 大さじ2

作り方

❶ ブロッコリーは塩少々（分量外）を加えた熱
　湯でゆで、湯をきる。

❷ フライパンにオリーブ油、**A**を入れて中火に
　かけ、香りが出たら火を止め、①を加えてあ
　える。
　※和食やイタリアンの献立によく合う

Menu.7

ボリート・ミスト献立（イタリアの肉たっぷりポトフ）

［二度おいしい煮込み］

　ポトフやボリート・ミストは、フランスやイタリアで食べられるお肉と野菜の煮込み。「洋風おでん」とも称される、日本人になじみやすいお料理です。作るのは、特に難しくありません。すね肉や骨つきのお肉と、野菜、少しのハーブを入れて鍋でコトコト煮れば、あとは時間がおいしくしてくれます。

　ポトフ（pot au feu）の直訳は「火にかけた鍋」ですが、牛肉を使うものを指すのが一般的。鶏はプレオポ（poulet au pot）、塩漬け豚を使ったものがポテ（potée）です。塩漬け豚はパリのスーパーでは簡単に手に入り、日持ちもします。これを使ったポテは、日曜の夜に作れば、次の週末までもたせられる留学時代の私の定番料理でした（最後はドロドロと、おじやかカレーに変貌していました）。

　一方、イタリア料理のボリート・ミスト（bollito misto）は、何種類かのお肉を使った、ちょっと豪華なものをいいます。牛肉、豚肉、鶏肉、いろんなお肉を一緒に煮て、「サルサベルデ」というハーブのソースを添えます。たっぷりのハーブをミキサーにかけ、オリーブオイルでまとめたグリーンのソースは、ハーブの香りの中に感じるケッパーやビネガーの酸味がポイントです。お肉をこの酸味でさっぱりいただくところは、酸味のあるマスタードを添える、フランスの食べ方とどこか似ているように思います。

　イタリア料理のお店でボリート・ミストがメニューに載っていると、私は必ず注文します。じっくりと煮込まれ、やわらかくなったお肉は大好物！　それにお肉の組み合わせも、サルサベルデも、お店によって様々なので興味が尽きないのです。

　家で作る時は、手軽に牛すね肉、豚肉や鶏肉、ソーセージなどを合わせます。サルサベルデはパセリをメインにしつつ、手に入るハーブを組み合わせて。ミントやディル、香菜（シャンツァイ）などを混ぜても、少し変化があっておいしい。おもてなしの際には、マスタードや日本式にゆずこしょうと塩などを置いて、いろいろな食べ方を提案するのも楽しいかもしれません。

　そうそう、日本ではあまり知られていないことがひとつ。フランスのポトフもイタリアのボリート・ミストも、お肉とスープは分けていただくのが一般的です。もちろん、分けなくてもかまわないけれど、お肉はお肉だけ、お肉のうまみたっぷりのスープはまた別でいただくと、少し特別感があり、2品に増えてお得だなと思う私です。

Appetizer
トマトとオレンジの
カプレーゼ

Appetizer
スモークサーモンのパテ

Dessert
チョコレートムース

Table setting
メインのポトフに合わせて、こっくりと濃い色みのクロスを敷き、シックなイタリアンのイメージに。メイン用の茶色い皿は、深さがあり、取り皿にもスープ皿にもなって、あると便利な一枚です。

Main
ボリート・ミスト

イタリア・ピエモンテ州の郷土料理で、
「イタリアのおでん」という呼び名もあるそうです。
豚かたまり肉と骨つきの鶏肉を入れて、見た目も豪華に。
肉は2種類使うと、だしが複雑な味になっておすすめ。

53

{ Appetizer }

トマトとオレンジのカプレーゼ

イタリアンでおなじみの前菜・カプレーゼですが、
フルーツを1つ入れるだけで、おもてなし風に。
オレンジの香りとジューシーさがたまりません。

{ Appetizer }

スモークサーモンのパテ

サーモンのピンク色をそのまま生かしつつ、
味つけも特にしなくてOKです。
フープロでガーッと回せば、
作れてしまう手軽さです。

Menu.7

[Dessert]

チョコレートムース

紅茶液でチョコを溶かすから、濃厚でいて、あと味は香り高く。
ビターチョコを使うと、しっかりと固まるし美味です。
チョコとバターが混ざりきらない時は、湯せんにかけましょう。

材料（直径10×高さ3cmの容器4個分）
製菓用チョコレート（ビター・細かく刻む）
　　…100g ※1
A｜紅茶の葉（ティーバッグ・アールグレイ）
　　　…1袋（2g）
　｜熱湯…50ml
バター（食塩不使用）…20g ※2
卵…2個
グラニュー糖…30g
※1 カカオ60％以上のものがおすすめ
※2 室温に戻す

作り方

① 耐熱容器にAを入れ、5分蒸らしてぎゅっと絞り、電子レンジで20秒加熱して温める。

② ボウルにチョコレートを入れ、①を加えて耐熱のゴムベラで混ぜて溶かし、バターを加えて溶かし、卵黄を加えて混ぜる。

③ 別のボウルに卵白を入れ、ハンドミキサーの高速で泡立て、白っぽくなったらグラニュー糖を少しずつ加え、ピンとツノが立つメレンゲを作る。②に加えてゴムベラでさっくりと混ぜ、冷蔵室で2時間以上冷やし固める。

④ スプーンですくって器に盛り、紅茶の葉（ティーバッグ・分量外）をふる。

Menu.7

[Main]
ボリート・ミスト

牛すね肉や牛タン、ソーセージで作ってもおいしい。
トマトやパセリなど、残っている半端な野菜を加えてもいいし、
キャベツを1/4個大きいままごろっと入れたり、
白菜やかぶ、ズッキーニで作っても合います。

材料(4人分)
- 豚肩ロースかたまり肉…400g
- 塩…小さじ1
- 鶏骨つきもも肉(ぶつ切り)…300g
- A
  - 玉ねぎ(縦半分に切る)…2個
  - セロリ(筋を除き、4cm長さに切る)…1本
  - にんじん(大きめの乱切り)…1本
  - にんにく(つぶす)…1かけ
  - タイム(生)…1枝(またはローリエ1枚)

作り方
1. 豚肉は塩をまぶし、ファスナー式の保存袋に入れ、冷蔵室で30分からひと晩おく。
2. 厚手の鍋に水けをふいた①、塩小さじ1/2(分量外)をふった鶏肉、A、水4カップを入れ、ふたをして中火にかけ、煮立ったらアクをとり、弱火でふたをして1時間煮る。
3. 塩、こしょう(ともに分量外)で味を調え、豚肉を食べやすく切って器に盛り、サルサベルデを添える。

※粒マスタード、フレンチマスタードを添えて食べてもいい

【 サルサベルデ 】
イタリアンパセリとバジルの葉合わせて3パック(45g)、にんにく1かけ、ケッパー小さじ1、オリーブ油1/4カップ、赤(または白)ワインビネガー大さじ1、塩小さじ1/2をフードプロセッサーにかける(または包丁で細かくたたく)。塩を減らし、アンチョビ(フィレ)1枚を加えても。

Menu.7

{ Appetizer }

トマトとオレンジのカプレーゼ

トマトとチーズで作る定番カプレーゼに、
オレンジを加えて華やかに。桃、いちじく、
いちごを入れても、トマトの酸味と好相性です。

材料（4人分）
トマト（8等分のくし形切り）…2個
オレンジ…2個
モッツァレラチーズ…1個（100g）
A ｜ オリーブ油…大さじ2
　　 白ワインビネガー…大さじ½
　　 はちみつ…小さじ1
　　 フレンチマスタード…小さじ½
　　 塩…ひとつまみ
　　 こしょう…少々
バジルの葉（ちぎる）…適量

作り方
❶ オレンジはヘタと底を切り落とし、包丁で薄皮ごと縦に皮をむき、ひと房ずつ薄皮にV字に切り込みを入れて実を取り出す。
❷ ボウルにAを入れて混ぜ、トマト、①を加えてあえ、冷蔵室で保存する。
❸ 食べる時にモッツァレラチーズをちぎって加え、器に盛ってバジルを散らす。

Menu.7

{ Appetizer }

スモークサーモンのパテ

サワークリームとレモンのさわやかな酸味が詰まったパテ。
バジルやディルなど、好きなハーブを足してもいいですね。

材料（4人分）
A ｜ スモークサーモン…10枚（150g）
　　 サワークリーム（または生クリーム）…90g
　　 バター…10g※
　　 レモン汁、レモンの皮（ワックス不使用のもの）
　　 　のすりおろし…各少々
ピンクペッパー（あれば）、バゲット…各適量
※室温に戻す

作り方
❶ Aはフードプロセッサーにかけ、冷蔵室で保存する（または、サーモンを包丁で細かくたたき、その他を混ぜる）。
❷ 食べる時に器に盛ってピンクペッパーをのせ、バゲットを添える。

●ピンクペッパー
見た目がかわいいピンクペッパーは、こしょうのような辛みはなく、食感とピリッとした風味が魅力。チョコレートムースやサラダにかけても美味。

Menu.8

かじきのタイカレーロースト献立

［いつかは欲しい道具］

　食い意地がはっているからなのか、すてきなリゾートホテルに泊まっても、1日経つと地元の人が食べている外の食べ物が気になってしまいます。タイのリゾートに泊まった時も、自転車を借りてホテルを抜け出しました。バイクが行き交うガタガタの路上でペダルを漕ぎ、コンシェルジュにもらった地図を片手に、屋台が軒を連ねるエリアへ。バンコクのような都会とは異なり、ゆったりとした時間の流れる屋台街を歩いていると、低い椅子に腰かけているおばあちゃんが、のんびりと何かを作っているのが目にとまりました。

　屋台のいいところはどの店も、メニューが1つか2つしかないこと。タイ語はさっぱりわからないけれど、指を2本立てて2人分と伝えると、おばあちゃんはうなずいて、重そうな黒い石のすり鉢に材料を放り込みます。米、にんにく、それから数種のハーブ、唐辛子を入れ、すり鉢を抱えながら、これまた石のすりこ木でゴリゴリ。か細い腕なのに、意外なほど力強く、すべてをたたいてすりつぶしていきます。調味料を入れる前には、アイコンタクト。うん、大丈夫。あ、辛いのは少なめで！　そんな言葉にならない会話を交わし、ビニール袋に入れて持ち帰った料理は、ホテルで食べたどのメニューよりも鮮烈な香りで、辛くて、甘くて。個性の強い材料が渾然一体となった味は、今でも忘れられません。

　あれはラープ、というものだったのかしら。何がどうなったらあんなににぎやかな、鮮やかな味になるのでしょう。私なら、おいしい素材はそのままに、シンプルな味を楽しもうとするけれど、タイではその素材に合う辛み、甘み、苦み、酸味を幾重にも重ねていく調理法が多い気がします。一年じゅう暑くて湿度の高いあの国では、意識をはっとさせるだけの、強い味の組み合わせが必要なのかもしれません。

　帰国してからもあの味が忘れられず、家で作ってみるのですが、どうしてもおばあちゃんのラープにはなりません。たぶん、あの重い石のすり鉢がないからじゃないかしら？　あれさえあれば、おばあちゃんが作ってくれたラープを再現できるような気が勝手にしています。それだけじゃないかもしれないけれど。

　そういうわけで、いつかは欲しい道具の筆頭に、あの重そうな黒い石のすり鉢がずっとずっとあるのです。

Appetizer
エスニックなます

Appetizer
ラープ（タイ風ひき肉サラダ）

Dessert
黒糖ゼリーのココナッツミルクがけ

かじきのタイカレーロースト

市販のグリーンカレーペーストを使った、
タイ料理風のオーブン焼きです。
アボカドと長ねぎを下に敷き、
コクを出しつつ、辛さをマイルドにします。

Table setting

目にも鮮やかなブルーグリーンのクロスで、タイを思わせるテーブルに。白い取り皿を合わせて、清涼感を。クロスを敷くだけでも、おもてなし感は十分。まずは、扱いやすい厚手のグレーの布を1枚持つと便利です。

Appetizer
エスニックなます

ナンプラーの香りが印象的な
ベトナムやタイでポピュラーななますです。
刻んだピーナッツを散らしてもおいしい。

Appetizer
ラープ（タイ風ひき肉サラダ）

タイの屋台で、石のすり鉢で作ってくれる
ひき肉とミントのサラダを、辛さをおさえて
食べやすくしました。仕上げに炒った米をふると、
本場の味にぐっと近くなります。

Dessert

黒糖ゼリーの
ココナッツミルクがけ

黒糖、ココナッツ、マンゴー。相性のよいものを合わせたら、
食後にぴったりの、東南アジア風のデザートに。
ココナッツミルクを凍らせてシャーベット状にし、
かけていただくのもおすすめです。

Menu.8

材料（直径8×高さ6cmの容器4個分）
黒砂糖（粉末のもの）… 80g
粉ゼラチン… 5g※
マンゴー（2cm角に切る・冷凍でも）… 1個
ココナッツミルク… 350ml
※水大さじ1½にふり入れ、ふやかす

作り方

❶ 小鍋に黒砂糖、水220mlを入れ、耐熱のゴムベラで混ぜながら中火にかけ、砂糖が溶けたら火を止め、ふやかしたゼラチンを加えて溶かす。粗熱がとれたら密閉容器（14×10×深さ6.5cmくらい）に流し、冷蔵室で2時間以上冷やし固める。

❷ 器に2cm角に切った①、マンゴーを交互に入れ、ココナッツミルクをかける。

Menu.8

[Main]

かじきのタイカレーロースト

魚にグリーンカレーペーストを塗って焼く、
海外で食べた味をアレンジして。トマト、ココナッツミルク、
はちみつを加えて、甘みとコクをプラスしました。
野菜はパプリカ、ピーマン、ズッキーニ、玉ねぎでもいいですよ。

材料（4人分）
かじきの切り身…6枚（400g）※
- アボカド（種と皮を除き、8等分のくし形切り）
  …2個
- 長ねぎ（3cm幅の斜め切り）…2本
- オリーブ油…大さじ1

バジルの葉（ちぎる）…4〜5枚

A
- トマト（1cm角に切る）…2個
- グリーンカレーペースト…大さじ1½
- ココナッツミルク（または水）、オリーブ油、
  水…各大さじ1
- はちみつ…小さじ1

※さわら、鯛、すずきなどでも

作り方
① 耐熱皿にアボカド、長ねぎを入れ、オリーブ油をかけてあえ、かじきを重ならないようにのせ、バジルを散らす。

② 混ぜたAを全体にかけ、200℃に温めたオーブンで15〜20分焼く。

●グリーンカレーペースト
青唐辛子と数種類の香辛料が入った、刺激的な辛さのタイのグリーンカレーペースト。ひき肉に加えて炒めても美味。残ったら冷凍保存しておくと便利。

Menu.8

[Appetizer]

エスニックなます

ナンプラーの風味が生きたしっかり味で、
たくさん作っても、冷蔵室で1週間くらいはもちます。
バゲットにクリームチーズと一緒にはさみ、バインミーにしても。

材料（4人分）
大根（5cm長さのせん切り）…⅓本
にんじん（5cm長さのせん切り）…1本
A｜酢…大さじ3
　｜ナンプラー、砂糖…各大さじ2
　｜レモン汁（または酢）…大さじ1
　｜にんにく（みじん切り）…1かけ
　｜赤唐辛子（小口切り）…1本
香菜（シャンツァイ）…適量

作り方
❶ 小鍋にA、水大さじ4を入れて中火にかけ、砂糖が溶けたら火を止め、粗熱がとれたらボウルに移し、大根、にんじんを加えてあえる。冷蔵室で1時間以上おく。
❷ 食べる時に器に盛り、香菜をのせる。

Menu.8

[Appetizer]

ラープ（タイ風ひき肉サラダ）

ひき肉はオイルを使わずに、ナンプラーとレモン汁で煮て、
さっぱりと、やわらかく火を通します。
香菜（シャンツァイ）をたっぷり入れてもよく合います。

材料（4人分）
豚ひき肉…100g
A｜ナンプラー、レモン汁、酒…各小さじ1
　｜赤唐辛子（小口切り）…½本
　｜紫玉ねぎ（薄切り）…½個
　｜レモン汁…小さじ1
ミントの葉（葉をつむ）…½パック（6g）※
バターピーナッツ（粗く刻む）…大さじ1
レタス（半分に切る）…½個
すだち（またはレモン）…適量
※スペアミントがおすすめ

作り方
❶ 小鍋にA、水大さじ2を入れて煮立たせ、ひき肉を加えて中火で混ぜながら煮、色が変わってそぼろ状になったら火を止め、汁けをきる。
❷ 粗熱がとれたら、レモン汁であえた紫玉ねぎを加えてさっと混ぜ、冷蔵室で保存する。
❸ 食べる時にミントを加えて混ぜ、器に盛ってピーナッツをふり、レタス、すだちを添える。すだちを絞り、レタスに包んで食べる。
※ピーナッツのかわりに、米大さじ2（洗わない）をサラダ油小さじ1を熱したフライパンでこんがり5分炒め、すりこ木でたたきつぶしてふると本格的に

Menu.9

鮭とかぶの白みそシチュー献立

[金色のかに缶]

大学生になって東京生活が始まると、時々祖母から食べ物が届きました。不器用な祖母が作る小包のダンボールは、ぐるぐる巻き。厳重なガムテープをはがせば、中からいろいろな食材が。よく覚えているのは、ホテルオークラの小さなコンソメスープの缶、袋のコーンスープの素、そしてかに缶。それから、封筒にはお札が数枚。「バイトしているからいらないよ」と言っても、必ず入っていました（この話は、私が2秒で泣いてしまうのでまたいつか）。

コーンスープの素は、普通よりもちょっと高級だけれど、スーパーにも置いてあるお湯で溶かすタイプのもの。オークラの缶との値段差は、同じスープなのに驚くほどで、「今、おばあちゃんが好きなものなんじゃ」という祖母ならではのチョイス。ほかにも、「えっ、なぜこれをわざわざ岡山から送るかな」というものが入っていました。かに缶は、いつも2〜3缶。当時、父親と二人暮らしだった私はほかに思いつかず、時折かにクリームコロッケを作って父を喜ばせたりしてみるものの、そうこうしているうちに次のかに缶がやってくるので、少し持てあまし気味でした。

祖母が亡くなってからも、かに缶はなんとなくもらいもので家にある存在。その割には威圧感に近い高級感を漂わせ、使いみちを考えているうちに時間が経ってしまいます。でも家にあると、人が来た時にちょっと豪華さを演出できる。おいしくなる。ほっとする。わ、まだここに…と、少しうっとうしくなる時もあるけれど、やっぱり1缶戸棚にいてほしい。かに缶は、そっくりそのまま祖母のような存在なのです。

生クリーム、アボカド、バター。野菜料理は油でクタクタになったラタトゥイユがいちばん好きという、こってり派のおばあちゃんが亡くなってから、もうずいぶん経ちますが、何かを食べるたびに、「これ、おばあちゃん好きそう」「これ、おばあちゃんに作ってあげたかったな」と、祖母を想うことの多さといったら。母を見れば、母も同じ顔。祖母を想っているようです。

送られてきたかに缶は、本当は祖母が食べたかったもの。他の食材もきっとそう。もっと一緒に食べられればよかったのに、と思わずにはいられません。食べ物の趣味も、祖母に似ている私。人にものを送る時、不器用にぐるぐる巻きにテープを巻く自分に気づいて、こんなところが似なくても…と思いつつ、自分の中に祖母がいるような不思議なぬくもりを感じます。

Appetizer	Appetizer	Dessert
牛肉と玉ねぎのマリネ	切り干し大根とかに缶のサラダ	ゆであずきのパルフェ

Main

鮭とかぶの白みそシチュー

作り方はクリームシチューと同じですが、
白みそが入ることで、どこか懐かしいような、
ほっとするような味になります。
鮭はくずれやすいので、大きめに切って。

Appetizer

牛肉と玉ねぎのマリネ

牛薄切り肉で作れる、手軽なマリネです。
酢のおかげでさっぱりしつつ、肉もやわらかく。
合わせた玉ねぎがたっぷり食べられます。

[Appetizer]

切り干し大根とかに缶のサラダ

せん切りキャベツを加えることで、
切り干し大根との食感の違いを楽しみます。
ややこってりとしたマヨネーズあえですが、
しょうがを加えることで、ぐんとさわやかに。

Table setting
和食の献立なので、前菜も取り皿も黒っぽい和皿にしてシックに。深緑色のクロスと合わせて、全体に落ち着いたトーンでまとめると、ぐっと和風な雰囲気になります。

Menu.9

[Dessert]

ゆであずきのパルフェ

混ぜるだけでできる簡単アイスは、
小学生の頃に出会った懐かしいレシピ。
あずきにシナモンの香りをプラスして、
少し大人っぽくしました。

材料（直径10×高さ5cmの容器6個分）
ゆであずき（缶詰）…1缶（210g）
生クリーム…200ml
シナモンパウダー…小さじ½

作り方

① ボウルに生クリームを入れ、とろりとするまで泡立てる（六分立て）。ゆであずき、シナモンを加えてゴムベラでさっくりと混ぜ、バット（21×16cm）に流し、冷凍室で3時間以上冷やし固める。

② スプーンですくって器に盛り、シナモン（分量外）をふる。

Table setting
パルフェといえば洋風のデザートだけれど、和テイストの深小鉢に入れて、和の雰囲気に。色も渋めなグレーを選択し、大人っぽくまとめます。

67

Menu.9

[Main]

鮭とかぶの白みそシチュー

白みそで甘みととろみをつけるのが、この料理のポイントです。
きのこはいいだしが出るので、ぜひ何かしら加えて。
じゃがいもやにんじんを入れてもいいし、鶏肉で作ってもOK。
粉山椒のかわりにゆずを散らしたり、酒粕を入れて粕汁っぽくしても。

材料(4人分)
生鮭の切り身(長さを半分に切る)…4枚(320g)
　塩…小さじ½
　小麦粉…大さじ1
かぶ(皮をむき、縦4等分に切る)…4個
マッシュルーム…1パック(100g)
小麦粉…大さじ2
酒…大さじ2
牛乳…2½カップ
白みそ…大さじ2
バター…10g + 20g
粉山椒…適量

作り方

❶ 鮭は塩をふって小麦粉をまぶし、バター10gを溶かした厚手の鍋で強火で両面をこんがり焼き、取り出す。

❷ 続けてバター20gを溶かし、かぶ、マッシュルーム、塩小さじ½(分量外)を加えて弱めの中火で炒め、油が回ったら小麦粉をふり入れ、粉っぽさがなくなるまで炒める。

❸ 酒、牛乳を少しずつ加えてのばし、煮立ったら①、水1カップを加え、ふたをして弱めの中火で20分煮、白みそを溶く。器に盛り、粉山椒をたっぷりふる。

※白みそと一緒に、酒粕小さじ2を加えてもおいしい

Menu.9

[Appetizer]

牛肉と玉ねぎのマリネ

色が変わるまで両面をさっと焼いた牛肉を、
しょうゆと酢でマリネしてさっぱりと。
ラディッシュの赤がアクセント。
ほかに、みつばをたっぷり合わせるのも好きです。

材料(4人分)
牛薄切り肉(長さを半分に切る)…8枚(200g)
玉ねぎ(薄切り)…½個
しょうが(せん切り)…½かけ
酒、しょうゆ、酢…各大さじ1強
ラディッシュ(薄切り)…適量

作り方
❶ 牛肉は何もひかずに熱したフライパンの中火で両面を色が変わるまで焼き、取り出す。
❷ 続けて酒を入れて煮立たせ、火を止めてしょうゆ、酢を混ぜる。ボウルに①、玉ねぎとしょうがの順に入れ、これをかけ、冷蔵室で1時間以上おく。
❸ 食べる時に器に盛り、ラディッシュをのせる。

Menu.9

[Appetizer]

切り干し大根とかに缶のサラダ

切り干し大根は加熱せずに使うことで、
パリッとしたその歯ごたえを楽しみます。
かに缶をほたて水煮缶にしたり、
しょうがのかわりに、ゆずこしょうをきかせても。

材料(4人分)
切り干し大根(水につけて戻し、
　水けを絞って4cm長さに切る)…20g
キャベツ(せん切り)…¼個
かに缶…1缶(125g)※
A｜マヨネーズ…大さじ6
　｜白すりごま…大さじ1
　｜しょうゆ…小さじ⅔
　｜しょうが(すりおろす)…1かけ
かいわれ(根元を切る)…1パック
※ほたて水煮缶でもいい

作り方
❶ ボウルにAを入れて混ぜ、切り干し大根、キャベツ、かに缶(汁ごと)を加えてあえ、冷蔵室で保存する。
❷ 食べる時にかいわれを加えて混ぜ、器に盛る。

Menu.10

南仏風ミートローフ献立

［カラフル］

　料理の「色」を気にするようになったのは、中学生の頃。お弁当が始まったことがきっかけでした。みんなのお弁当はおいしそうなのに、私のだけなんか違う。地味。なんで？

　小学校のイベントの時は、母が時間をかけて作ってくれたけれど、毎日となると話は別。働く母のかわりに、日々お弁当を作ってくれたのは祖母でした。

　今思うとおいしかったのだけれど、思春期の私には、祖母の作った茶色いお弁当が、みんなと違ってちょっと恥ずかしかった。そして、そうだ自分で作ろう！と思いつきました。そのうち晩ごはんも作ってみようかな？という気持ちに。始めてみると、祖母にも母にも喜ばれる上に、自分で食べたいものを作れる！　そんなこんなで料理を好きになっていきました。

　中学生の私にとっては、お弁当を彩りよくするのはなかなか難しく、プチトマトとゆで卵に頼りがちでした。でも、あるだけでちょっとかわいく思えるんですよね。見た目も味のうち。色の鮮やかさが「おいしそう！」につながることを、この頃に覚えたように思います。

　改めて色の大切さを知ったのは、南仏留学中でした。頻出なのはトマト。シンプルなサラダでも、堂々としています。切り方は様々なれど、大皿にどーん。ドレッシングがかけられ、最後にハーブ。農業国を誇るフランスのトマト。味もすばらしいのですが、若草色やマスタード色のぽてっとした南仏の大皿に、たっぷりと盛られている様は、本当においしそう。仕上げの緑が、味の上でも視覚的にもアクセント。オリーブオイルと混ざった果汁は、おいしいソースに。トマトだけでも華やかな大皿をはれるのです。

　私もよく、シンプルなトマトサラダを作ります。仕上げにはハーブなどの緑のものを散らすこともあれば、紫玉ねぎをのせることも。この紫という色もおすすめで、手に入りやすいのは、紫玉ねぎと紫キャベツ。スプラウトにも紫色のものがあるし、季節ならいちじくやみょうがもいい。なにか１つ冷蔵庫にあると助かります。

　ひと皿の中にパッと色のコントラストがあると、シンプルな料理も目を引いておいしそうに思えます。人が来る時は、いつもより少し華やかに。そんな時こそ、野菜やくだものの持つ鮮やかで生き生きとした色に頼ればいい。カラフルな見た目は、それだけでごちそうなのです。

Main
南仏風ミートローフ

Appetizer
にんじんと紫キャベツのラペ

Dessert
いちごのムース

Appetizer
にんじんと紫キャベツのラペ

Appetizer
グリーンピースとミントのスープ

暖かい部屋で飲む、冷たいスープは格別なもの。
というわけで、今回は冷製にしていますが、
温かくしていただいても、もちろんおいしい。

Main

南仏風ミートローフ

ある日、中近東の料理の本を開いていて、
ラムのひき肉にトマトをのせた料理を見つけました。
かわいいなあと思って思いついたのが、
こちらのミートローフです。

Table setting
南フランスの田舎をイメージさせる、
素朴でぼってりとした印象の器と布
を使って。皿は白とクリーム色とバ
ラバラでも、気どらない感じがして
よい気がします。スープの受け皿は、
デザートの受け皿にも使える一枚。

Menu.10

[Dessert]

いちごのムース

いちごの甘酸っぱさに、バルサミコを隠し味に加えて奥行きを。
メレンゲも入らない、簡単レシピのムースです。
生クリームをしっかり泡立てると、ふんわり仕上がります。

材料（直径6.5×高さ7cmの容器4〜5個分）
| いちご…1パック（250g）
| バルサミコ酢…小さじ½
生クリーム…150ml
砂糖…40g
粉ゼラチン…5g※
レモン汁…大さじ1
A | 砂糖…小さじ1
　 | バルサミコ酢…少々
※水大さじ1½にふり入れ、ふやかす

作り方

❶ いちごは4粒を取り分け、残りをバルサミコ酢とともにフードプロセッサーにかけ、ボウルに移す。

❷ 別のボウルに生クリーム、砂糖を入れ、ピンとツノが立つまで泡立てる（九分立て）。

❸ 耐熱容器に①の¼量を入れ、ラップをかけて電子レンジで30秒加熱し、ふやかしたゼラチンを加えて溶かす。①のボウルに戻して泡立て器で混ぜ、②を加えてさっくりと混ぜ、レモン汁も加えて混ぜる。器に流し、冷蔵室で2時間以上冷やし固める。

❹ 取り分けたいちごを1cm角に切り、Aであえ、食べる時にのせる。

Menu.10

[Appetizer]

にんじんと紫キャベツのラペ

ラペが好きで、オレンジ、柿、マンゴーを加えて作ることも。
今日は、フランス人も大好きなゆずこしょうをアクセントに。
スモークサーモンや生ハム、お刺身を添えてボリュームを出しても。

材料（4人分）
にんじん（スライサーで3cm長さのせん切り）…2本
紫キャベツ（せん切り）…¼個
A｜オリーブ油…大さじ2½
　｜赤（または白）ワインビネガー…大さじ1½
　｜ゆずこしょう、塩…各小さじ⅔
　｜砂糖…ひとつまみ

作り方
❶ 鍋に酢大さじ2（分量外）、水2カップを入れて煮立たせ、紫キャベツに回しかけ、粗熱がとれたら水けを絞る。
❷ ボウルにAを入れて混ぜ、①、にんじんを加えてあえ、冷蔵室で1時間以上おく。

Menu.10

[Appetizer]

グリーンピースとミントのスープ

フランスで定番の組み合わせのスープ。スーパーでも売られています。
季節ならば、生のグリーンピースを使うのはもちろん、
そら豆やアスパラで作ってもおいしいです。

材料（4人分）
グリーンピース（冷凍）…2カップ（250g）
じゃがいも（薄切り）…1個（120g）
玉ねぎ（薄切り）…¼個
ミントの葉（ちぎる）…10枚※
塩…小さじ1
オリーブ油…小さじ1
生クリーム…大さじ4
※スペアミントがおすすめ

作り方
❶ フライパンにオリーブ油を熱し、玉ねぎを中火で炒め、しんなりしたらじゃがいもを加えて油が回るまで炒め、グリーンピースを加えてさっと炒める。塩の半量をふってふたをし、弱めの中火で15分蒸し煮にする。
❷ 水2カップ、残りの塩を加えて煮立たせ、粗熱がとれたらミントとともにミキサーにかけ、冷蔵室で保存する。
❸ 食べる時に器に盛って生クリームを回しかけ、ミントの葉（分量外）を飾る。

●ミントの葉
爽快感と冷涼感があり、サラダやデザートによく使われるハーブ。スペアミントとペパーミントがその代表で、清涼感がソフトなスペアミントのほうがより使いやすい。

Menu.10

[Main]

南仏風ミートローフ

ひき肉にトマトの種と切れ端を混ぜ、しっとりと焼き上げます。
ハーブはドライでもいいので、生地に混ぜ込んで焼いたほうが、
軽さが出てぐっと南仏風に。ラムのひき肉でクミンを合わせても。
ズッキーニのかわりに、なすでも合います。

材料（4人分）
- 合びき肉…400g
- トマト…小2個
- ズッキーニ（5mm幅の輪切り）…½本
- A
  - 卵…1個
  - パン粉…⅔カップ
  - イタリアンパセリ（粗みじん切り）…½パック（8g）
  - にんにく（みじん切り）…1かけ
  - こしょう…少々
- 塩…小さじ1
- ピザ用チーズ…大さじ2
- タイム（生・葉をしごき、茎ごと）…2枝
- オリーブ油…大さじ½

作り方

1. トマトは横半分に切って種をとり、7〜8mm幅の輪切りにする。トマトの両端は細かく刻み、種と合わせる（30gくらいになる）。
2. ボウルにひき肉、塩を入れて手で練り混ぜ、A、トマトの種と端を加え、粘りが出るまで練り混ぜる。
3. オーブンシートを敷いた天板にのせ、20×15cm（2cm厚さ）のだ円にまとめ、トマトとズッキーニを少しずつずらして交互に並べる。チーズ、タイムを散らし、オリーブ油を回しかけ、200℃に温めたオーブンで20分ほど焼く。

※トマトとズッキーニの大きさ（直径）をそろえると、きれいに仕上がる

ベトナム風角煮献立

[甘酸っぱいベトナム]

　大学の卒業旅行は、ベトナムでした。マルグリット・デュラスの『愛人 ラマン』の舞台、フランスのかつての植民地。そんな憧れもあったけれど、現実的にバイト代で長く滞在できる、物価の安い（でもごはんのおいしそうな）国というのが大きな理由。

　初めて訪れたその国は、途切れることのないバイクに溢れ、ほこりの舞う道という道が市民の生活の舞台。屋台もあれば、寝ている人もいる。目が合えばついてくるシクロの青年、隙あらばぼったくるおばちゃんに、人懐こい子どもたち。目と耳に飛び込む情報量と暑さにめまいがしそう。

　一方で、さびれてはいるけれど、白く大きな柱が美しい薄暗いホテル、ゆっくりと夜のとばりが降りていく夕暮れのサイゴン川。自転車で通り過ぎる女学生のアオザイ姿、白くひらひらと風に揺れる裾。時折見える異国ならではの美しさは、うだるような暑さの中で、白昼夢を見ているようでした。

　雑誌で見たレストランでも屋台でも、それぞれ料理にはハーブがふんだんに使われ、口に含むといろんな味がして、とてもとてもおいしかった。揚げものをハーブと甘酢で食べるものが多く、油ぎれの悪そうなものでさえ、ベトナム風に食べればするっと喉を通ります。そう、口の中でサラダになる感じ。暑くて湿度の高いベトナム。高温で調理し、水分を抜く揚げものは、腐敗を防ぐいちばんの方法。それを酢で食べるのだから、衛生的にも理にかなっています。

　その後、訪れるたびにどんどん近代都市化していく姿に、切なくなって、気づけば10年。昨年、久しぶりに訪れました。

　予想していた通り、街はすっかりきれいになり、私たちが泊まった幽霊が出そうなホテルは、ピカピカの大手チェーンホテルに。リバーサイドの夜景もきらびやかです。あの砂ぼこりが舞う小さな道は、もうどこにあったのかもわからない。そんなことを少し残念に思うのは、旅行者の身勝手で、きっとここに住む人々は暮らしやすくなっているのでしょう。

　レックス・ホテル・サイゴンの食器をケチらず20年前に買えばよかった、と後悔しながら、汗をかきかきいただくお料理は、やっぱり油を甘酢で味わうものが多く、ちょっとうれしくなってしまいました。行きあたりばったりでお腹を壊しながら旅行したあの国は、今も私の大切な甘酸っぱい記憶の中にあるのです。

Appetizer
なすのマリネ

Appetizer
えび入りスイートチリポテトサラダ

Dessert
ヨーグルトとパイナップルのアイス

[Main]
ベトナム風角煮

ベトナムには何度も行っていますが、
食堂に必ずある、定番の煮込みです。
最後にココナッツミルクを少し加えても。

Table setting
フランスの植物柄のクロスを使い、
柄ものの取り皿を合わせて、フラン
ステイストのアジアンテーブルに。
前菜の皿は濃いめの色にすると、全
体がしまります。和風の銅の打ち出
し鍋は、サーバーしだいで洋風にも
エスニックにもなります。

Appetizer

なすのマリネ

油で揚げたものを甘酢で食べるのは、
ベトナムでよくある調理法。
このなすのマリネも、まさにそれです。
干しえびのうまみがごちそうに。

Appetizer

えび入りスイートチリ
ポテトサラダ

[Dessert]

ヨーグルトと
パイナップルのアイス

ベトナム・ホイアンのレストランで、
出てきたヨーグルトのアイス。
作り方をお店の人に聞いたら、
ヨーグルトと練乳を混ぜるだけとのこと。
3時間くらい凍らせると、かたすぎず、
ねっとりとちょうどいい舌ざわりです。

Table setting
アイスは、ほんの数口サイズのデミタスカップを使って。白だとさわやかに、こんなふうに色の濃いものだと、シックにまとまります。

Menu.11

材料（直径7×高さ5cmの容器6個分）
プレーンヨーグルト…300g
加糖練乳…120g
パイナップル（缶詰・1cm幅に切る）…2枚

作り方

① ボウルに材料をすべて入れて泡立て器でよく混ぜ、バット（21×16cm）に流し、冷凍室で3時間以上冷やし固める。スプーンですくって器に盛る。
※みかんの缶詰、冷凍マンゴーで作ってもおいしい

Menu.11

[Main]

ベトナム風角煮

こしょうは思ったよりも多めにふると、味が引きしまります。
あれば、こしょうのかわりに黒粒こしょうをぜひ加えて。
八角や赤唐辛子を入れて辛くするのもおすすめです。
ナンプラーやしょうゆの量は、好みで加減してみてください。

材料（4人分）

豚バラかたまり肉（5〜6cm幅に切る）…500g
A ┃ しょうゆ…大さじ3
　 ┃ ナンプラー…大さじ2
　 ┃ 酒…大さじ1
　 ┃ 砂糖（または黒砂糖）…小さじ2/3
　 ┃ にんにく（つぶす）…1かけ
玉ねぎ（縦半分に切る）…1個
半熟ゆで卵…4個 ※1
こしょう…小さじ1/2 ※2

※1 室温に戻さず、水から入れて煮立ってから8分ゆでる
※2 または、黒粒こしょう小さじ1

作り方

❶ 豚肉はフォークで穴をあけ、ファスナー式の保存袋にAとともに入れてもみ込み、冷蔵室で30分からひと晩おく。

❷ 厚手の鍋に①（つけ汁ごと）、玉ねぎ、こしょう、水2カップを入れ、ふたをして中火にかけ、煮立ったらアクをとる。オーブンシートの落としぶた（46ページ参照）をしてふたをし、弱めの中火で50分煮る。ゆで卵を加えてふたをとり、さらに10分煮る。

※一度冷ましてから温め直すと、味がしみてよりおいしい
※ナンプラーがなければ、かわりにしょうゆを大さじ5にして作ってもいい

Appetizer

なすのマリネ

油を通して色鮮やかになったなすを、甘酢でマリネします。
仕上げに散らすのを青じそや万能ねぎ、バジルやミントにすると、
和風や洋風っぽくにも自在にアレンジできます。

材料(4人分)
なす(7〜8mm幅の輪切り)…4本※
A ┃ 干しえび(粗く刻む)…大さじ1
  ┃ しょうが(みじん切り)…½かけ
  ┃ 赤唐辛子(小口切り)…1本
B ┃ 酢…大さじ3
  ┃ ナンプラー…大さじ2
  ┃ 砂糖…大さじ1
サラダ油、香菜(ざく切り)…各適量
※塩小さじ1をまぶして5分おき、水けをふく

作り方

❶ なすは油を2cm入れたフライパンで返しながら中火で揚げ焼きにし、火が通ったら油をきる。

❷ 続けてフライパンの油をふき、Aを中火で炒め、香りが出たらBとともにボウルに入れる。①を加えてあえ、冷蔵室で1時間以上おく。

❸ 食べる時に器に盛り、香菜を散らす。

●干しえび
ちょっと高価だけれど、だしがわりになる便利な食材。野菜だけの料理に使うと、ぐっとコクが出る。にんにく、しょうがとともに炒めものに、チャーハンに入れてもよく合う。

Appetizer

えび入りスイートチリポテトサラダ

市販のスイートチリソースで味つけした、甘めのポテサラです。
ブロッコリーやゆで卵を加えてボリュームを出したり、
たっぷりの香菜、玉ねぎを入れても合います。

材料(4人分)
じゃがいも…3個(360g)
殻つきえび(ブラックタイガーなど)…8尾
A ┃ 市販のスイートチリソース、ナンプラー
  ┃   …各小さじ2
  ┃ マヨネーズ…大さじ3
一味唐辛子…少々

作り方

❶ じゃがいもは洗って水がついたまま1個ずつラップで包み、電子レンジで4分加熱し、皮をむいて4〜6等分に切る。

❷ えびは殻をむいて尾と背ワタを除き、酒少々(分量外)を加えた熱湯で色が変わるまでゆで、湯をきる。

❸ ボウルに①(熱いうちに)、②、Aを入れ、いもを軽くつぶしながら混ぜ、冷蔵室で保存する。食べる時に器に盛り、一味唐辛子をふる。

Menu.12

ラムチョップのトマト煮込み献立

［ミントの課題］

「チョコミン党」という言葉があるそうで、チョコとミントの合わせが好きという人がきっと多いのでしょう。母も「アフターエイト」というイギリスのミントチョコが好きなのですが、私は苦手。ミントペーストの強さが、どうしても歯磨き粉を連想させるのです。

ラム肉にミントを合わせるのは、イギリスの得意技。使うのはミントソースとミントゼリーの2派があるそうで、スーパーでびん詰をよく見かけましたが、私はどうにも食指が動きませんでした。たいていのハーブは最初から受け入れられたのに、ミントはずっと苦手。好きになったきっかけは、中近東スタイルのミントティーだったように思います。

フランス留学時代、パリの私のアパルトマンから歩いて3〜4分のところにあったモスケ（イスラム寺院）では、破格の安さでミントティーが飲めました。美しいタイル貼りの中庭で飲む、熱くて甘い（しかし量は少ない）ミントティー。クイッと一杯飲めば、頭もすっきり。夏でも冬でもおいしく、はまって飲むようになってから、フレッシュなミントはすべて受け入れられるようになりました。

フレッシュなハーブたちは少量で味を変えてしまうのに、たっぷり入れても強すぎるということがありません。どの種類を組み合わせてもすんなりなじむし、この料理にはこのハーブと書かれているのを違うハーブで作っても、新しいおいしさが見つかります。人工ではない、自然の持つ大らかなやさしさが、ハーブにはあるからだと思います。ミントは単独でもおいしいですが、バジルやパセリに少し加えると、ちょっとさわやかといった控えめな清涼感をプラスできます。試しにミントを入れてみたら案外いける！ということも多く、いつしか私にとって欠かせない存在となりました。

フレッシュなミントなら、ラム肉にたっぷり合わせても気になりません。ラムのくせのある脂をさっぱり包んでくれ、むしろ今の私のお気に入り。もちろんバジルや香菜（シャンツァイ）でもおいしいので、その時に応じて使います。ハーブはそういうところが楽しいのです。

今なら、イギリスのあのびん詰のミントもおいしいと思えるのかも…。さらに進んで、人工的な緑が美しいフランスのマントロー（Menthe à l'eau ＝ミントシロップを水で割ったもの）も、パリジェンヌのようにごくごく飲めるのか…？ 目下の私の「ミント課題」です。

Appetizer	Appetizer	Dessert
枝豆入りタブレ	ブロッコリーとれんこんの粒マスタードマリネ	りんごのクリームチーズパイ

Main
ラムチョップのトマト煮込み

トマト好きな私が、普段よく食べている煮込みです。
うまみが詰まった生のトマトをたっぷり使えば、
シンプルな味つけでピタリと決まります。

Table setting
ベージュのクロスを敷いて、砂丘色をイメージしたモロッコ風に。テーブル全体を茶～オレンジ色のトーンで統一し、そこにエスニック調の鮮やかな布や皿を少しあしらって、雰囲気を出してみました。

ブロッコリーとれんこんの粒マスタードマリネ Appetizer

ゆでたアスパラやきゅうりなど、
いろんな野菜と合う、風味のいいマリネ液です。
歯ごたえさくさくのれんこんがおいしい。

Appetizer
枝豆入りタブレ

パスタをゆでるよりもずっと早いので、
私はよくクスクスを使います。
意外とどんな味つけの煮込みをかけても、
よく合う懐の深さです。

Menu.12

Dessert

りんごのクリームチーズパイ

りんごは、酸味のある紅玉がおすすめ。アツアツにアイスを添えても。
パイシートは凍ったままオーブンに入れると、さくさくに焼き上がります。

材料（4人分）
冷凍パイシート…1枚（20×20cm）
りんご（皮ごと3mm幅の薄切り）…1個
A｜クリームチーズ（またはサワークリーム）
　　…80g※
　卵黄…1個分
　グラニュー糖…大さじ2
　薄力粉…小さじ2
仕上げ用のグラニュー糖…大さじ1
※室温に戻す

作り方
① Aは混ぜておく。冷凍パイシートは凍ったまま縦半分に切り、真ん中にフォークで5〜6か所穴をあけ、両脇を1cm残してAを手早く塗る。オーブンシートを敷いた天板にのせ、200℃に温めたオーブンで10分焼く。
② りんごを少しずつずらしてのせ、グラニュー糖をふり、180℃に下げてりんごがこんがりするまでさらに15〜20分焼く。
※缶詰の洋梨、あんず、バナナで作ってもおいしい

Menu.12

[Main]

ラムチョップのトマト煮込み

骨つきのラムを生のトマトで煮込めば、うまみたっぷりで色もきれい。
鶏肉や豚スペアリブで作ってもいいと思います。
ラム肉を焼く際にクミンシードを加えたり、
仕上げに香菜(シャンツァイ)をわさーっとのせるのも好きです。

材料（4人分）

　ラムチョップ…8本
　塩…小さじ2/3
トマト（縦4等分に切る）…4個
ミントの葉…1/2パック（6g）※
A｜白ワイン…大さじ1
　｜しょうゆ…小さじ1
　｜にんにく（つぶす）…1かけ
こしょう…少々
オリーブ油…大さじ1
※スペアミントがおすすめ

作り方

❶ ラムは塩をふり、オリーブ油を熱した厚手の鍋で中火で両面をこんがり焼く。

❷ Aを加えて煮立たせ、トマトを加え、ふたをして弱めの中火で20分煮る。塩（分量外）で味を調え、こしょうをふり、火を止めてミントを散らす。

※汁けが多ければ、最後に火を強めて少し煮詰めて

Menu.12

[Appetizer]

枝豆入りタブレ

余ったハーブがあったら、刻んでたっぷり入れて。
クスクスよりハーブが多いくらいなのが、中近東のスタイル。
野菜はきゅうりやトマトなど、サラダに入れるものなら何でも合います。

材料(4人分)
- クスクス…1½カップ
- 塩…小さじ½
- 枝豆(塩ゆでし、さやから出して)…1カップ(100g)
- 玉ねぎ(みじん切りにし、水にさらす)…¼個
- イタリアンパセリ(みじん切り)…1パック(15g)
- ミントの葉(あれば・みじん切り)…½パック(6g)※1
- オリーブ油…大さじ2
- レモン汁…大さじ1
- クミンシード…小さじ1※2

※1 スペアミントがおすすめ
※2 フライパンの弱火でからいりし、粗く刻む。クミンパウダー小さじ½でもいい

作り方

① ボウルにクスクス、塩、熱湯1½カップを入れ、ラップをかけて5分蒸らし、さっと混ぜる。その他の材料を加えて混ぜ、冷蔵室で保存する。

Menu.12

[Appetizer]

ブロッコリーとれんこんの粒マスタードマリネ

白ワインベースの粒マスタード入りのマリネ液に、
レモンをきかせて。ほたてやたこなどの海鮮もので、
ボリュームアップしてもいいですね。

材料(4人分)
- ブロッコリー(小房に分ける)…1株
- れんこん(5mm幅の輪切り)…1節(200g)
- 白ワイン…大さじ3
- A│オリーブ油…大さじ3
  │粒マスタード…大さじ1
  │レモン汁…小さじ2
  │塩…小さじ⅔

作り方

① ブロッコリーは塩少々(分量外)を加えた熱湯で2〜3分ゆで、続けてれんこんを1分ゆで、ともに湯をきる。

② 小鍋に白ワイン、水大さじ2を入れて煮立たせ、ボウルに移してAを混ぜ、①を加えてあえる。冷蔵室で30分以上おく。

※ブロッコリーは味がしみやすいので、れんこんを下にして保存するといい

若山曜子（わかやま ようこ）

料理研究家。東京外国語大学フランス語学科卒業後、パリへ留学。ル・コルドン・ブルー、エコール・フェランディを経て、パティシエ、グラシエ、ショコラティエ、コンフィズールのフランス国家資格（CAP）を取得。パリのパティスリーなどで経験を積み、帰国後はカフェのメニュー監修、雑誌や書籍、テレビでのレシピ提案などで活躍。自宅で少人数制のお菓子と料理の教室を主宰。著書に『フライパンリゾット』『フライパン煮込み』『バターで作る／オイルで作る クッキーと型なしタルトの本』『バターで作る／オイルで作る スコーンとビスケットの本』『バターで作る／オイルで作る マフィンとカップケーキの本』（すべて小社刊）など多数。http://tavechao.com/

作っておける前菜、ほうっておけるメイン

著　者　若山曜子
編集人　足立昭子
発行人　倉次辰男
発行所　株式会社 主婦と生活社
　　　　〒104-8357　東京都中央区京橋3-5-7
　　　　Tel.03-3563-5321（編集部）
　　　　Tel.03-3563-5121（販売部）
　　　　Tel.03-3563-5125（生産部）
　　　　https://www.shufu.co.jp/
印刷所　凸版印刷株式会社
製本所　株式会社若林製本工場
ISBN978-4-391-15379-8

落丁・乱丁の場合はお取り替えいたします。お買い求めの書店か、小社生産部までお申し出ください。
Ⓡ 本書を無断で複写複製（電子化を含む）することは、著作権法上の例外を除き、禁じられています。本書をコピーされる場合は、事前に日本複製権センター（JRRC）の許諾を受けてください。
また、本書を代行業者等の第三者に依頼してスキャンやデジタル化をすることは、たとえ個人や家庭内の利用であっても一切認められておりません。
JRRC（https://jrrc.or.jp　Eメール：jrrc_info@jrrc.or.jp
Tel.03-6809-1281）

©YOKO WAKAYAMA 2019 Printed in Japan

お送りいただいた個人情報は、今後の編集企画の参考としてのみ使用し、他の目的には使用いたしません。詳しくは当社のプライバシーポリシー（https://www.shufu.co.jp/privacy/）をご覧ください。

デザイン　福間優子
撮影　木村拓（東京料理写真）
スタイリング&アドバイス　池水陽子
調理アシスタント　尾崎史江、鈴木真代、櫻庭奈穂子
取材　中山み登り
校閲　滄流社
編集　足立昭子